Aprender derecho con inteligencia: una visión desde el Diseño Universal para el Aprendizaje (DUA) y la integración de la IA en la docencia universitaria

Aprender derecho con inteligencia: una visión desde el Diseño Universal para el Aprendizaje (DUA) y la integración de la IA en la docencia universitaria

José Luis Zamora Manzano
Tewise Ortega González

Atelier
LIBROS JURÍDICOS

La presente monografía se inscribe en el marco del Proyecto de Innovación Educativa PIE 2023-11, titulado *Transformando la educación con Inteligencia Artificial en el aula*, aprobado mediante Resolución definitiva del Vicerrectorado de Profesorado, Ordenación Académica e Innovación Educativa de la Universidad de Las Palmas de Gran Canaria, de fecha 21 de julio de 2023, cuyos investigadores principales son los autores de la presente obra.

Este libro ha sido sometido a un riguroso proceso de revisión por pares.

© 2026 José Luis Zamora Manzano y Tewise Ortega González
© 2026 Atelier
      Santa Dorotea 8, 08004 Barcelona
      e-mail: editorial@atelierlibros.es
      www.atelierlibrosjuridicos.com
      Tel.: 93 295 45 60

I.S.B.N.: 979-13-88096-42-6
Depósito legal: B 2136-2026

Diseño y composición: Addenda, Pau Claris 92, 08010 Barcelona
www.addenda.es

Impresión: Safekat

El conocimiento es inseparable de la práctica
Séneca

*El verdadero riesgo no es que la inteligencia artificial
supere a la humana, sino que olvidemos confiar en
nuestra propia inteligencia al fiarnos de ella*

A nuestro querido profesor Silvestre Bello Rodríguez

A las madres que nos legaron la inquietud de saber

TABULA GRATULATORIA

Dar las gracias nunca es sencillo. No porque falten motivos, sino porque abundan las personas que nos acompañan, que sostienen nuestras ideas cuando apenas son esbozos, y que nos recogen cuando tropezamos en el camino. El agradecimiento, en este sentido, no es solo un gesto, sino una forma de reconocer que lo que uno logra está tejido con muchas manos, muchas miradas y mucha paciencia.

Nuestras primeras palabras son de sincero reconocimiento al profesor Antonio Fernández de Buján, por su generosidad intelectual y su magisterio constante. Su apoyo a esta publicación, que hoy ve la luz tras un largo recorrido de búsqueda, ensayo y descubrimiento, ha sido un faro en el trabajo de articular la experiencia, el diseño y la inteligencia artificial.

A nuestros compañeros, que siempre están ahí: en los momentos de entusiasmo y también en los de incertidumbre, sosteniendo cada proyecto, alentando cada intento, escuchando cada duda. A ti, querido Alfredo Obarrio Moreno, gracias por compartir las fatigas y las alegrías, por estar al otro lado cuando las ideas necesitan reposo o impulso.

Y a todos quienes, de un modo u otro, han hecho posible que este esfuerzo tomara forma, con su tiempo, su palabra o su confianza, nuestro agradecimiento más sincero. Este trabajo también les pertenece, porque nace del diálogo, de la colaboración y del deseo común de seguir aprendiendo sobre el presente y el futuro con la Inteligencia Artificial.

SUMARIO

¿HACIA DÓNDE VAMOS?

NOTA DE LOS AUTORES

La presente obra se estructura en dos partes que si bien abordan enfoques distintos, conforman un todo coherente y complementario.

La primera parte, redactada por la profesora Tewise Ortega González, se centra en el «¿dónde estamos?», ofreciendo una reflexión profunda sobre la realidad actual del Diseño Universal para el Aprendizaje (DUA). Desde sus diferentes variables y dimensiones, se examinan propuestas y experiencias derivadas de la práctica docente, con especial atención a los retos y oportunidades que plantea la diversidad en el aula. La segunda parte, a cargo del profesor José Luis Zamora Manzano, se orienta hacia el «¿hacia dónde vamos?». En ella se propone una adaptación del diseño educativo al ámbito de los algoritmos y la inteligencia artificial generativa, ejemplificando los desafíos y posibilidades que esta tecnología introduce en la enseñanza del Derecho y, en general, en la educación superior.

Finalmente, se incluye una adenda práctica en la que se recogen algunas experiencias desarrolladas desde nuestro propio ámbito de conocimiento, con el propósito de aportar una modesta contribución a la comprensión y aplicación responsable de una tecnología tan dinámica como la inteligencia artificial.

Somos plenamente conscientes de la rapidez con que evolucionan estas herramientas, así como de la obsolescencia que muchas de ellas sufren casi al mismo tiempo que emergen.

Es posible que asistamos a una «burbuja» de la IA derivada de su sobrevaloración; sin embargo, ante un futuro incierto, consideramos imprescindible apostar por un uso ético, responsable y críticamente informado de estas tecnologías. Solo así podrán convertirse en verdaderas herramientas al servicio del estudiantado, y no en factores de desigualdad o exclusión frente a los nuevos modos de aprender y enseñar.

¿DÓNDE ESTAMOS?

1. METODOLOGÍA INCLUSIVA Y CENTRADA EN EL ESTUDIANTE. APLICACIÓN DEL DISEÑO UNIVERSAL PARA EL APRENDIZAJE EN EL CONTEXTO UNIVERSITARIO

1. ANTECEDENTES Y CONTEXTO

La educación, como pilar fundamental del desarrollo humano y social, se encuentra en un momento de profunda transformación, impulsada por un contexto global de cambios tecnológicos, económicos, ambientales y sociales sin precedentes. Esta realidad, demanda una reconceptualización de la educación universitaria y una redefinición del papel del docente dentro y fuera del aula, que no sólo se concibe como la persona que se encarga de la transmisión de conocimientos, sino que además se encarga de facilitar el aprendizaje sirviendo de guía a través de la variedad de recursos disponibles que se ven favorecidos por la implementación de las nuevas tecnologías y la innovación docente. Al tiempo, fomentan el pensamiento crítico, la autonomía y autogestión, la resolución de problemas y, entre otros, la colaboración.

Ante los desafíos que presenta este entorno, debemos formarnos y formar con una educación de calidad.

La universidad debe garantizar no solo el acceso, sino también la participación efectiva y el éxito académico de todo el alumnado, independientemente de sus condiciones personales, sociales o académicas. Si bien la inclusión es un tema especialmente tratado y estudiado en el contexto de la educación primaria y secundaria, no ocurre lo mismo en los estudios universitarios, quizás por la complejidad de la estructura organizativa y académica, la diversidad de las metodologías didácticas en consonancia con las diferentes disciplinas que se imparten o la falta de formación del personal docente, no sólo en metodología sino también en la atención a la diversidad y las TICs (Castellana y Sala, 2006, p. 212).

En coherencia con los principios y los compromisos del Espacio Europeo de Educación Superior[1], la Ley Orgánica 2/2023, de 22 de marzo, del Sistema Universitario[2], y los Objetivos de Desarrollo Sostenible, particularmente el ODS 4[3] que hace refe-

---

1. La Declaración de Roma (2020), en el marco del EEES, refuerza el compromiso de las universidades europeas con la inclusión, la accesibilidad y la equidad como pilares de su modelo educativo

2. De conformidad con el artículo 33 de la norma, el estudiantado tiene entre otros derechos «*a una educación inclusiva en la universidad*», a «*una formación académica inclusiva de calidad que fomente la adquisición de los conocimientos y las competencias académicas y profesionales programadas en cada ciclo de enseñanzas*». Por su parte, el artículo 37 establece que «*Las universidades favorecerán que las estructuras curriculares de las enseñanzas universitarias resulten inclusivas y accesibles. En particular, adoptarán medidas de acción positiva para que el estudiantado con discapacidad pueda disfrutar de una educación universitaria inclusiva, accesible y adaptable, en igualdad con el resto del estudiantado, realizando ajustes razonables, tanto curriculares como metodológicos, a los materiales didácticos, a los métodos de enseñanza y al sistema de evaluaciones*».

3. En este Marco, la Agenda 2030 para el Desarrollo Sostenible emerge como una hoja de ruta global, un plan que invita a la acción a favor de las personas, del planeta y de la prosperidad. Dentro de esta agenda, el ODS 4 es crucial ya que se centra en «*Garantizar una educación inclusiva, equitativa y de calidad, y promover oportunidades de aprendizaje durante toda la vida para todos*». Asimismo, se potencia el pensamiento crítico y creativo y la igualdad de oportunidades, prestando especial atención a la diversidad y a la accesibilidad universal. Este objetivo en particular representa una evolución significativa respecto de formulaciones anteriores como las planteadas por los Objetivos del Desarrollo para el Milenio (ODM) o la Educación para Todos (EPT), ya que no sólo se persigue garantizar el acceso a la educación en todos los niveles, bajo el concepto de *long life learning,* sino también la garantía de acceso en condiciones de igualdad, equidad y calidad. (ODS 4.3: Acceso equitativo a una educación técnica, profesional y superior asequible). SÁNCHEZ CORCHERO, M.E., Discapacidad, cambio climático e inclusión bajo los nuevos paradigmas naturcéntrico y educativo

rencia a la educación de calidad, la universidad debe asumir un papel esencial.

La institución universitaria está llamada a estimular el pensamiento crítico y creativo en los ciudadanos, a favorecer la creación de conocimientos que impulsen el desarrollo social, cultural, ecológico y económico, y a fomentar capacidades analíticas y creativas para encontrar soluciones a desafíos mundiales. Para ofrecer oportunidades de aprendizaje a lo largo de la vida, la educación universitaria debe ser repensada[4], incorporando propuestas basadas en la tecnología, la educación a distancia o la formación permanente, prestando «especial atención a los grupos más vulnerables». En este sentido, la educación se configura como un «elemento fundamental para alcanzar los otros objetivos de desarrollo sostenible, puesto que sin educación no hay desarrollo posterior».

FIGURA 1. ODS 4

Fuente: un.org

Para materializar el ODS 4, la calidad de la educación se considera fundamental, buscando obtener «resultados de aprendiza-

---

en Puentes de inclusión. Innovación y diversidad en la educación del siglo XXI, (ETXEBARRIETA, R., MAITANE PICAZA G., y ORCASITAS VICANDI, M. editores), Valencia, 2025, p. 127-135, p. 133.

4. Vid. al respecto las reflexiones de OBARRIO MORENO, J.A., Saber jurídico. Saber literario. Saber cinematográfico: tres ámbitos de una misma realidad, *RGDLyC* 1, 2024, pp. 1-20. También, Los pilares de la Universidad: verdad, saber y paideia (audax sed cogita), *RGDR*, 42, 2024, pp. 20-21, PIQUER MARÍ J.M., Lo que queda de la Universidad de Ortega y Gasset en *Reflexiones de la Universidad en el siglo XXI*, (Coord. Obarrio Moreno *et al.*,) Dykinson, Madrid, 2020, pp. 232-233, OBARRIO MORENO J.A. y PIQUER MARÍ J.M., *Repensar la Universidad. Reflexión histórica de un problema actual*, Madrid, 2015, p. 215.

je pertinentes, equitativos y eficaces en todos los niveles y entornos». Esto nos lleva a profundizar en términos clave como la inclusión educativa[5], y establecer la oportuna diferenciación entre los conceptos de inclusión e integración[6], ya que a menudo se utilizan erróneamente como sinónimos[7]. La educación inclusiva constituye un verdadero cambio de paradigma respecto al modelo tradicional más centrado en déficits o carencias individuales. En lugar de enfocarse en lo que falta, promueve el forta-

---

5. La Convención sobre los Derechos de las Personas con Discapacidad, hecha en Nueva York el 13 de diciembre de 2006, ratificada por el Estado español en el año 2007, entrando en vigor en el ordenamiento jurídico español el 3 de mayo de 2008, reconoce entre otros derechos, el derecho a la educación a las personas con discapacidad (artículo 24). Por su parte, el Comité sobre los Derechos de las Personas con Discapacidad, expone y desarrolla en la Observación número 4 (2016), el significado, alcance y contenido del derecho a la educación inclusiva, detallando las obligaciones de los Estados y los particulares para garantizarla.

6. El mismo Comité en la Observación número 4, particularmente en el apartado número 11, reconoce la importancia de reconocer las diferencias conceptuales entre exclusión, segregación, integración e inclusión. Siguiendo la literalidad del texto «La exclusión se produce cuando se impide o se deniega directa o indirectamente el acceso de los alumnos a todo tipo de educación. La segregación tiene lugar cuando la educación de los alumnos con discapacidad se imparte en entornos separados diseñados o utilizados para responder a una deficiencia concreta o a varias deficiencias, apartándolos de los alumnos sin discapacidad. La integración es el proceso por el que las personas con discapacidad asisten a las instituciones de educación general, con el convencimiento de que pueden adaptarse a los requisitos normalizados de esas instituciones. La inclusión implica un proceso de reforma sistémica que conlleva cambios y modificaciones en el contenido, los métodos de enseñanza, los enfoques, las estructuras y las estrategias de la educación para superar los obstáculos con la visión de que todos los alumnos de los grupos de edad pertinentes tengan una experiencia de aprendizaje equitativa y participativa y el entorno que mejor corresponda a sus necesidades y preferencias. La inclusión de los alumnos con discapacidad en las clases convencionales sin los consiguientes cambios estructurales, por ejemplo, en la organización, los planes de estudios y las estrategias de enseñanza y aprendizaje, no constituye inclusión. Además, la integración no garantiza automáticamente la transición de la segregación a la inclusión».

7. ELIZONDO CARMONA, Coral, *Hacia la inclusión educativa en la Universidad: diseño universal para el aprendizaje y educación de calidad*, Octaedro, Barcelona, 2020, p. 18.

lecimiento de las capacidades y reconoce la diversidad como una condición inherente y valiosa del ser humano, no como una excepción. A diferencia de la integración que se limita a incorporar a los alumnos con discapacidad en las aulas ordinarias bajo la expectativa de que se adapten a un sistema ya establecido, la inclusión implica un proceso de reforma sistémica. Este proceso exige modificaciones en los contenidos, métodos de enseñanza, estructuras organizativas y estrategias pedagógicas, con el fin de eliminar barreras y garantizar que todos los estudiantes tengan una experiencia educativa equitativa, participativa y de calidad, en un entorno que responda a sus necesidades y preferencias.

Desde esta perspectiva, este enfoque se sustenta en tres pilares fundamentales: la presencia, la participación activa y el logro educativo de todo el alumnado. De esta manera, la educación inclusiva persigue asegurar el acceso, la permanencia y el éxito de todas las personas en el sistema educativo, entendiendo la diversidad como un valor enriquecedor, como una característica inherente y constante. Ahora bien, si lo centramos en el ámbito universitario, la inclusión no debe limitarse a la mera admisión de estudiantes con discapacidad u otras condiciones de vulnerabilidad, sino que requiere una transformación sistémica de la institución. En línea con la Observación General nº 4 (2016), este proceso implica:

- **Un enfoque de todos los sistemas:** las universidades deben reorientar sus políticas, recursos y estructuras institucionales hacia la promoción de la inclusión, lo que abarca desde los reglamentos académicos hasta la gestión de becas, bibliotecas y servicios digitales.
- **Entornos educativos integrales:** la cultura inclusiva debe impregnar la docencia, la investigación y la extensión universitaria, así como la vida en los campus, las actividades extracurriculares, los servicios de apoyo psicológico y médico, la gobernanza universitaria y la interacción con el entorno social.
- **Altas expectativas y planes de estudio flexibles:** la universidad ha de asumir la capacidad de todos los estu-

diantes para aprender y contribuir, adoptando currículos adaptables, metodologías innovadoras y apoyos personalizados que respondan a distintas trayectorias y ritmos de aprendizaje.

• **Formación y apoyo al profesorado y personal universitario:** la inclusión exige que todos los docentes y gestores universitarios cuenten con competencias, recursos y acompañamiento para diseñar entornos de aprendizaje accesibles y para incorporar tecnologías de apoyo y pedagogías inclusivas.

• **Respeto y valoración de la diversidad:** la universidad inclusiva reconoce la pluralidad no solo en términos de discapacidad, sino también de género, lengua, cultura, etnia, orientación sexual, edad, religión, condiciones socioeconómicas, capacidades, competencias o estilos de aprendizaje, garantizando medidas eficaces contra la discriminación y el acoso.

• **Ambientes de aprendizaje accesibles y seguros:** las aulas, los laboratorios, las bibliotecas, los entornos virtuales de aprendizaje y los espacios de socialización deben ser físicamente accesibles y cognitivamente amigables, fomentando la confianza, la cooperación y la pertenencia.

• **Transiciones efectivas:** el paso de la universidad al mundo laboral o a etapas de formación avanzada requiere apoyos específicos, tutorías y ajustes razonables para que los egresados participen en igualdad de condiciones en la vida profesional y ciudadana.

• **Participación y asociaciones:** la inclusión universitaria se fortalece mediante la colaboración con asociaciones estudiantiles, organizaciones de personas con discapacidad, familias y redes comunitarias, reconociendo su papel como agentes de cambio.

• **Supervisión y evaluación:** la universidad debe establecer mecanismos permanentes de seguimiento que midan el grado de inclusión, evitando prácticas segregadoras y garantizando la mejora continua en coherencia con la Agenda 2030 para el Desarrollo Sostenible.

En definitiva, la educación inclusiva universitaria se concibe como un proceso dinámico y transversal, que no solo asegura el acceso y la permanencia del estudiantado diverso, sino que transforma la universidad en un espacio de equidad, innovación y justicia social.

2. EL DISEÑO UNIVERSAL PARA EL APRENDIZAJE

En esta línea, la docencia que proponemos se apoya en el enfoque y en los principios del **Diseño Universal para el Aprendizaje (DUA**[8]**)**, un enfoque pedagógico impulsado por el Consorcio CAST (Center for Applied Special Tecnology) y recogido por instituciones europeas como la Agencia Europea para las Necesidades Educativas Especiales[9] y la Educación Inclusiva, que recomienda su aplicación en todos los niveles educativos.

El Diseño Universal surge en los años ochenta en un contexto diverso al que abordamos en esta obra, puesto que nace en el ámbito de la arquitectura con el objetivo fundamental de diseñar productos, elementos y entornos accesibles, atendiendo en todo caso a la diversidad de los usuarios finales, esto es, diseñando y planificando para que puedan ser usadas por todas las personas sin necesidad de rediseños o actuaciones de adaptabilidad posteriores. El término Diseño Universal (DU) fue introducido por el arquitecto Ron Mace, creador del *Center for Universal Design* (CUD) y se centra en siete principios que orientan la creación de entornos, productos y servicios accesibles: igualdad y facilidad de uso, simple e intuitivo, información comprensible y perceptible, poco esfuerzo físico, minimizar el riesgo de cometer un error, tamaños y espacios apropiados con dimensiones adecuadas. Este enfoque plantea que los productos pensados para un grupo específico pueden resultar útiles tam-

---

8. Universal Design for Learning Guidelines versión 3.0. https://udlguidelines. cast.org/
9. https://www.european-agency.org/

bién para el resto de las personas, favoreciendo así la accesibilidad general eliminando cualquier barrera arquitectónica.

Dichos principios sirvieron como punto de partida para posteriores propuestas que buscaron trasladar el paradigma del Diseño Universal al ámbito educativo.

FIGURA 2. Diseño Universal del Aprendizaje. CAST

Fuente: https://udlguidelines.cast.org

En el contexto educativo, implica aplicar estos principios en el proceso de enseñanza aprendizaje. Así, el CAST propone garantizar el acceso al conocimiento de todos los estudiantes sin excepción, apoyándose en las nuevas tecnologías para eliminar las barreras del aprendizaje del estudiantado con discapacidad o con dificultades, puesto que permiten no sólo la accesibilidad en cualquier momento y lugar sino también la personalización del proceso. En ese sentido, destacan las investigaciones de David Rose y Anne Meyer[10], quienes junto a un equipo de profe-

---

10. ROSE, D. H.-MEYER, A. Teaching every student in the digital age: Universal Design for Learning. Alexandria, VA: *Association for supervision and curriculum development.*, 2002; The future is in the margins: the role of technology and disability in educational reforms, en *The universally designed classroom: Acces-*

sionales diseñan un marco de aplicación del Diseño Universal en el ámbito educativo denominado DUA o Diseño Universal para el Aprendizaje, con el que persiguen facilitar el acceso al curriculum tradicional y a los contenidos, empleando la tecnología y materiales didácticos diseñados con funciones específicas, apoyándose para ello en la neurociencia, el uso de las nuevas tecnologías y la investigación educativa.

El Diseño Universal para el Aprendizaje constituye un enfoque pedagógico centrado en garantizar la accesibilidad del aprendizaje a todo el estudiantado, independientemente de sus capacidades, estilos cognitivos o necesidades específicas, es decir, no se centra en un perfil de estudiante con discapacidad o con dificultades en el aprendizaje, sino que se trata de un enfoque general que persigue que la educación sea accesible en todo caso, promoviendo la autogestión del alumnado. Partimos de la base de que la diversidad humana es intrínseca a cualquier grupo educativo: cada persona configura un perfil singular de capacidades cognitivas, estilos preferentes de aprendizaje, antecedentes y necesidades específicas. Atender esta variabilidad no es una cuestión de atención individual aislada sino un requisito para garantizar la igualdad de oportunidades en el ámbito formativo. En tal sentido, el DUA replantea el paradigma docente tradicional que tiende hacia soluciones homogéneas, promoviendo un diseño instructivo proactivo y sistémico en el que se prioriza la planificación de experiencias de aprendizaje flexibles y accesibles desde su concepción, en lugar de limitarse a realizar ajustes o adaptaciones reactivas para situaciones puntuales[11].

_____

sible curriculum and digital technologies*, Cambridge, Harvard Educación Press, 2005, pp. 13-35. [acceso: 17/09/2025]. ROSE, D. H., Universal Design for Learning in postsecondary education: reflections and principles and their application. *Journal of postsecondary education and disability,* 2006, 19 (2), pp. 135-151, Vid. También, PASTOR, A., Diseño Universal para el Aprendizaje: un modelo teórico-práctico para una educación inclusiva de calidad, *Participación educativa* nº9, enero 2019, pp. 55-68.

11. Ello no quiere decir que no se atienda a las necesidades individuales y específicas del alumnado con NEAE no sólo cuando sean notificadas sino desde que sean detectadas por el profesorado en el aula.

Esta aproximación busca que los materiales, las tareas y los criterios didácticos permitan la participación y la demostración del aprendizaje por parte de todo el estudiantado desde el inicio del proceso formativo, integrando mecanismos de ajuste automático y evaluación formativa que minimicen barreras y favorezcan la equidad educativa.

Su aplicación en el ámbito universitario se ve potenciada por el uso estratégico de las Tecnologías de la Información y la Comunicación (TIC), que permiten diversificar las formas de representación, expresión e implicación, conforme a los principios del DUA que presentaremos más adelante.

La incorporación de herramientas tecnológicas como vídeos, audios, juegos interactivos, plataformas colaborativas, aplicaciones móviles o sistemas con inteligencia artificial facilitan la personalización del aprendizaje, promueven la participación del alumnado y mejoran la accesibilidad a los contenidos. Además, es indudable que las TIC y las tecnologías emergentes facilitan la inclusión en cualquier contexto educativo, incluyendo el universitario, ya que, entre otros aspectos de interés, favorecen la comunicación, la motivación y el desarrollo de competencias. En particular, el uso de materiales adaptativos, entornos digitales flexibles y metodologías como la gamificación o el aprendizaje colaborativo, refuerzan el diseño de experiencias inclusivas y equitativas, contribuyendo así al cumplimiento de los objetivos planteados por el Espacio Europeo de Educación Superior.

Aunque existen otros enfoques de diseño universal específicos para la educación superior, desarrollados principalmente en el contexto norteamericano, como el Diseño Instruccional Universal (UID)[12], el Diseño Universal para la Instrucción (UDI)[13]

---

12. SILVER P., BOURKE, A., SHAW, S.F., Universal Instructional Design in higher education: An approach for inclusión. *Equity and excellent in Education,* 1998, Vol. 31 n° 2, pp. 47-51.

13. SCOTT, S., McGUIRE, J.M, SHAW S.F., Universal Design for instruction: A new paradigm for adult instruction in post secondary education. *Remedial and Special Education,* Vol.24, n° 6, 2003, pp. 369-379. Versión original traducida por DALMAU, M. et al. Diseño universal para la instrucción: indicadores para su im-

y el Diseño Universal en Educación (UDE) de Centro para el Diseño Universal en Educación, (CUDE), Centro DO-IT de la Universidad de Washington, el DUA destaca por su mayor campo de actuación y su aplicabilidad en todas las etapas educativas, ya que los otros tres modelos se ciñen a la educación superior universitaria.

Aunque en los últimos años se ha intensificado el interés por la aplicación de este enfoque en la educación superior en nuestro país, las investigaciones son escasas y limitadas[14]. La mayor parte de los estudios y publicaciones realizadas se han centrado en etapas educativas previas, dejando un vacío significativo en este ámbito donde la atención a la diversidad y la accesibilidad universal debe ser una prioridad. Algunas de las investigaciones disponibles y que hemos podido consultar, coinciden en destacar que la aplicación sistemática del DUA permite garantizar la igualdad de oportunidades en el acceso al currículo, entendiendo por este no sólo los materiales y contenidos, sino también la posibilidad real de que todo el estudiantado participe en igualdad de condiciones en el desarrollo de competencias y habilidades, en los procesos metodológicos y entre otras cuestiones, en el sistema de evaluación. Esta concepción evita recurrir

---

plementación en el ámbito universitario, Vilanova i la Geltrú: Universitat Politècnica de Catalunya. Càtedra d'Accessibilitat, 2015.

14. ELIZONDO CARMONA, C., *Hacia la inclusión educativa en la Universidad...* p.38-39. No obstante, la autora destaca los estudios realizados por grupos de investigación enmarcados dentro del Proyecto DUALETIC (Diseño Universal para el aprendizaje a través de la lectoescritura y las tecnologías de la información y la comunicación), e investigaciones de autores de referencia en la materia. Así destacamos a PASTOR A., ZUBILLAGA DEL RIO, A., SÁNCHEZ SERRANO, J., Tecnologías y diseño universal para el aprendizaje (DUA): experiencias en el contexto universitario e implicaciones en la formación del profesorado. *Revista Latinoamericana de Tecnología Educativa. RELATEC,* 14, 2015, pp. 1-12. En dicho trabajo, los autores muestran que el DUA es clave para la formación universitaria de docentes, especialmente cuando se apoya en tecnologías digitales. Consideran que el diseño de materiales o de plataformas educativas basadas en el enfoque DUA facilitan la enseñanza en línea y permiten atender la diversidad del alumnado. Así, su implementación contribuye a una educación inclusiva y de calidad, integrando las TIC como un elemento central del currículo.

a adaptaciones puntuales para dar respuesta a las situaciones o problemáticas suscitadas, y promueve, en cambio, un enfoque inclusivo desde el origen, esto es, desde la planificación inicial.

No obstante, investigaciones como la de la Universidad de Guelph[15] han demostrado una "relación positiva entre el nivel de implementación de medidas de diseño universal y la autoeficacia académica de los estudiantes en aspectos como la concentración en clase, la memorización, la comprensión, la explicación y discriminación de conceptos o la toma de apuntes", así como la relación que hay con la emoción, de forma que «los estudiantes que implementaron más medidas de diseño universal manifestaban más emociones positivas y menos negativas que los de asignaturas con menos medidas implementadas». Estos hallazgos corroboran que la educación inclusiva es "una educación con todos y para todos", y subrayan la importancia del contexto y la accesibilidad. De hecho, estudios con estudiantes universitarios con discapacidad en España[16] revelaron que sus demandas de adaptaciones curriculares se relacionaban directamente con las pautas del DUA, incluso sin que los estudiantes conocieran el modelo. Esto evidencia la pertinencia del enfoque como instrumento para lograr una mejor atención a la diversidad" en la formación del profesorado universitario.

En este contexto, la presente obra se concibe como una respuesta activa a estos desafíos y oportunidades. Su objetivo es integrar los principios del Diseño Universal para el Aprendizaje como marco metodológico central, buscando responder a la diversidad del alumnado, potenciar las capacidades de todos los estudiantes, preparándolos para afrontar los retos del siglo XXI y contribuir al desarrollo sostenible de una sociedad más inclusiva.

---

15. Dicha investigación fue analizada por Díez Villoria, E.- Sánchez Fuentes, S., Diseño universal para el aprendizaje como metodología docente para atender a la diversidad en la Universidad, *Aula Abierta*, vol. 43, nº 2, 2015, pp. 87-93, p. 89.
16. *Idem.*

3. JUSTIFICACIÓN NORMATIVA EN EL CONTEXTO UNIVERSITARIO[17]

El propio modelo evidencia la necesidad de su implementación en el ámbito universitario. Así, creemos que se fundamenta normativa y pedagógicamente en el Espacio Europeo de Educación Superior (EEES) porque responde a la obligación de garantizar la accesibilidad, la igualdad de oportunidades y la atención a la diversidad en el ámbito universitario, tal como estipulan tanto la legislación europea como la normativa española. El marco legal, recogido en textos como el Real Decreto 822/2021, de 28 de septiembre, por el que se establece la organización de las enseñanzas universitarias y del procedimiento de aseguramiento de su calidad, o la Ley Orgánica 2/2023 del

---

17. Aunque nos vamos a ocupar de hacer un análisis breve de la normativa universitaria actual, es conveniente resaltar que fue la Ley 51/2003, de 2 de diciembre, de igualdad de oportunidades, no discriminación y accesibilidad universal de las personas con discapacidad, la que introdujo el concepto de accesibilidad universal y diseño para todos, promoviendo su aplicación en todos los programas educativos incluyendo los universitarios. Asimismo, la CRUE, en el año 2006 y al objeto de dar cumplimiento a la normativa vigente inició una línea de trabajo con el Libro Blanco del Diseño para Todos en la Universidad, elaborado por la Coordinadora del Diseño para Todas las Personas en España, con la colaboración de la Fundación ONCE y el Organismo del Gobierno de España para la gestión de programas y prestaciones para las personas mayores y en situación de dependencia (IMSERSO), continuando con esta línea de trabajo con el proyecto Formación Curricular en Diseño para Todas las Personas en diversas titulaciones de entre las que se encuentra Derecho, siendo una valiosa herramienta para que las universidades españolas puedan impulsar un programa de Accesibilidad Universal, y la inclusión del Diseño para Todas las Personas. Según el documento, la idea del Diseño para Todas las Personas en la enseñanza del Grado en Derecho puede simplificarse en la siguiente frase: *«Derecho para todas las personas pero entendido éste no sólo desde el punto de vista formal de las normas a aplicar sino también desde la perspectiva de cómo se aplica el Derecho y cómo se enseña el Derecho».* Con relación a esto último, se exige a las universidades la adecuada formación del profesorado en el ámbito de aspectos relacionados con el diseño universal. https://www.crue.org/wp-content/uploads/2020/02/Formaci%C3%B3n-curricular-en-dise%C3%B1o-para-todas-las-personas-Derecho.pdf [acceso: 03/09/2025]

Sistema Universitario exige que las universidades adopten medidas que aseguren entornos de aprendizaje flexibles y adaptados, y que incluyan en su planificación curricular y metodológica los principios del DUA para atender adecuadamente las diferencias del alumnado y eliminar barreras en el acceso, la participación y el aprendizaje[18].

Aunque no es objeto del estudio realizar un análisis exhaustivo y profundo de la normativa, creemos necesario realizar un breve estudio de la LOSU y lo dispuesto en el EEES, que nos permita justificar la idoneidad y la alineación de la legislación esencial de las universidades, con los principios, objetivos y fines del DUA.

El EEES tiene como objetivo fundamental lograr que los sistemas de educación superior sean inclusivos y estén conectados a la sociedad, proporcionando las condiciones adecuadas para que estudiantes de diversos orígenes tengan éxito. Para reflejar la diversidad de la población europea en la educación superior, es esencial mejorar los índices de acceso y de finalización de estudios de los grupos desfavorecidos e infrarrepresentados. Para lograr la inclusión, el EEES promueve que las autoridades nacionales y los centros de educación superior adopten un enfoque holístico en la organización de la admisión, la enseñanza y la evaluación, introduzcan medidas de tutoría y proporcionen apoyo académico y no académico. También se necesitan opciones de estudio flexibles (a tiempo parcial o en línea) y un reconocimiento más amplio del aprendizaje previo, especialmente para adultos.

La implementación del EEES implica una unificación de criterios, metodologías y programas de estudios, pero también un cambio fundamental de paradigma educativo: se transita de una educación centrada en la enseñanza y el profesor, a una centrada en el aprendizaje y en el alumno como agente protagonista.

---

18. La normativa citada no hace referencia expresa al Diseño Universal para el Aprendizaje, pero los principios, objetivos, retos o desafíos que se plantean en la legislación universitaria más reciente, entendemos que conectan y se alinean perfectamente con el enfoque pedagógico que proponemos.

En este marco, la apreciación positiva y el tratamiento adecuado de la diversidad individual, social y cultural son factores esenciales de calidad.

El DUA se alinea directamente con estos principios al proponer un enfoque que aborde la diversidad (individual y cultural) hacia un Aprendizaje Universal (AU), con el fin último de una educación inclusiva de calidad para todos. El EEES busca que la educación superior contribuya a abordar los retos sociales y democráticos de Europa, garantizando su carácter inclusivo y la conexión de las instituciones con sus comunidades. El DUA, al considerar la gran diversidad presente en las aulas universitarias multiculturales, incluyendo diferentes preconcepciones, valores, experiencias educativas previas, estilos de enseñanza-aprendizaje y culturas de aula, ofrece una perspectiva de sensibilización y flexibilización en los procesos educativos. La propuesta, con sus múltiples medios de representación, acción, expresión y motivación, se convierte en una herramienta pedagógica que facilita la implementación de estas medidas, permitiendo a los profesores intervenir adecuadamente en cada caso para mejorar la calidad y la eficacia docente.

La Ley Orgánica 2/2023 del Sistema Universitario (LOSU) sienta una base sólida para la aplicación del Diseño Universal para el Aprendizaje (DUA) en las universidades españolas. El preámbulo de la norma concibe la Universidad como una institución esencial para la sociedad del conocimiento y un espacio fundamental que fomenta la tolerancia igualitaria, el respeto de los derechos fundamentales y la afirmación de valores éticos y humanistas, buscando la igualdad de oportunidades, la justicia social, la eliminación de toda discriminación o brecha de género, la necesidad de mejorar los procesos formativos sin distinción de edades, orígenes, género o capacidad económica y la importancia de una sociedad inclusiva y diversa comprometida con los colectivos más vulnerables. Estos pilares fundamentales de la LOSU resuenan directamente con la filosofía DUA, que parte de la premisa de que la variabilidad humana es la norma, no la excepción, y busca diseñar entornos de aprendizaje que acojan y respondan a la diversidad de todos los estudiantes.

Otro punto de convergencia crucial es el fomento de las nuevas tecnologías y la innovación docente. La legislación reconoce la digitalización creciente y la importancia de nuevos modelos pedagógicos con metodologías digitales, que buscan aprovechar el potencial de la personalización y la accesibilidad para todos los estudiantes.

Asimismo, la disposición reconoce la importancia de estas transformaciones y la necesidad de que las universidades no sólo se adapten, sino que acompañen a las mismas, así como el acceso a la formación y recursos digitales para toda la comunidad universitaria, lo que facilita al profesorado guiar la reflexión e innovar la experiencia (art. 33 l). El artículo 6.3 establece que la innovación en las formas de enseñar y aprender debe ser un principio fundamental en la actividad docente universitaria, reconociendo que la docencia, más allá de ser presencial, puede impartirse de manera virtual o híbrida (art. 6.1). Este enfoque en la flexibilidad y la personalización, que busca reducir barreras y atender la variabilidad del alumnado para una educación más inclusiva, se complementa con la promoción de la Ciencia Abierta y Ciudadana, concibiendo el conocimiento como un bien común accesible y compartido, el impulso de la investigación interdisciplinar y multidisciplinar para responder a la complejidad de los retos actuales[19], y el fomento del aprendizaje a lo largo de la vida (*long life learning*[20]) para cualquier persona o colectivo, incluyen-

---

19. El art. 11.4 indica que las universidades impulsarán estructuras de investigación que faciliten la interdisciplinariedad y multidisciplinariedad. Además, el apartado 7 del mismo artículo establece que estos dos aspectos serán considerados como mérito en la evaluación de la actividad del personal docente e investigador.
20. La ley lo incluye como dimensión esencial de la función docente y una función clave de las universidades, como se extrae de un fragmento contenido en el preámbulo del texto. *«Las universidades han venido siendo esencialmente espacios de formación para los jóvenes. Se debe ahora ir más allá, reforzando la capacidad de servicio al conjunto de la sociedad para lograr una Universidad para todas las edades; un lugar en el que la formación a lo largo de la vida para cualquier persona y colectivo sea un objetivo básico; una Universidad en la que la experiencia de una docencia presencial y compartida sea un valor cen-*

do el reconocimiento de la experiencia profesional, buscando mejorar los procesos formativos de la ciudadanía sin distinción de edades, orígenes, género o capacidad económica (ODS 4).

El DUA permite a los docentes diversificar estrategias de aprendizaje, utilizando herramientas y metodologías innovadoras como la clase invertida, la gamificación, el video 360°, los podcasts, los *chatbots,* la realidad virtual o la inteligencia artificial, que ya son objeto de investigación y aplicación en el ámbito universitario para mejorar la enseñanza-aprendizaje como expondremos al estudiar las diversas metodologías y herramientas empleadas en el desarrollo de nuestra docencia universitaria en los estudios de grado. La IA, en particular, está transformando las aulas a través de plataformas de aprendizaje adaptativo, sistemas de tutoría y asistentes de planificación de lecciones, y su verdadero potencial se logra al integrarse con los principios del DUA para hacer el aprendizaje más accesible, inclusivo y personalizado desde el inicio, ayudando también a reducir la carga cognitiva de los estudiantes favoreciendo la comprensión y el procesamiento de la información.

Es crucial que la LOSU mandate a las universidades garantizar la accesibilidad universal a edificios, entornos físicos y virtuales, y especialmente a los procesos de enseñanza-aprendizaje y evaluación para personas con discapacidad, a través de ajustes razonables curriculares y metodológicos. Esta perspectiva, que incorpora el diseño para todos, se alinea directamente con el DUA, cuyo objetivo es eliminar barreras y ofrecer opciones flexibles para que cada estudiante pueda participar, acceder y lograr un aprendizaje significativo. Además, el impulso a la innovación docente y la erradicación de toda discriminación o brecha de género, junto con el reconocimiento de las múltiples identidades del alumnado y la necesidad de abordar

---

tral y diferencial; un lugar en el que converjan y se relacionen científicas y científicos, estudiantado, profesionales que buscan actualizar sus capacidades, especialistas y agentes sociales, buscando todas ellas y ellos reforzar conocimientos, construir competencias y plantear caminos de transformación e innovación de manera compartida»

los prejuicios individuales, institucionales y sistémicos como barreras al aprendizaje, justifican plenamente la adopción de este marco como enfoque pedagógico central en el contexto universitario español.

Los mandatos específicos de la LOSU que justifican la implementación del DUA incluyen:

- **Garantía de equidad y no discriminación** tanto en los accesos y entornos, como en el proceso de enseñanza-aprendizaje y evaluación. Además, las universidades deberán adoptar medidas de acción positiva, realizando ajustes razonables (curriculares y metodológicos), y promover el acceso a estudios universitarios de personas con discapacidad intelectual a través de estudios propios adaptados (art. 37.2). El DUA, al ser un enfoque de enseñanza, aprendizaje y evaluación que se basa en la flexibilidad para responder a las diferencias individuales y socioculturales de los estudiantes, es inherentemente adecuado para cumplir con esta obligación.
- **Formación inclusiva y de calidad.** El estudiantado tiene derecho a una educación inclusiva de calidad que fomente la adquisición de conocimientos y competencias (art. 33). Las universidades deben innovar en las formas de enseñar y aprender (art. 6.3) y desarrollar formación inicial y continua para el profesorado que les proporcione herramientas y recursos para una docencia de calidad (art. 6.4). La necesidad de invertir más en la formación del personal docente para mejorar y adaptar las prácticas de enseñanza y aprendizaje, especialmente para estudiantes de grupos desfavorecidos, es un punto clave. El DUA proporciona un marco para esta formación y adaptación pedagógica, siendo una herramienta idónea para este propósito, ya que su flexibilidad y enfoque en la personalización (no individualización) del aprendizaje permiten responder a las necesidades de una población estudiantil diversa y en constante cambio, promoviendo la calidad educativa y "aprendizajes profundos».

- **Apoyo al estudiantado.** Se reconoce el derecho del estudiantado a las tutorías, al asesoramiento, a la orientación psicopedagógica y al cuidado de la salud mental y emocional (art. 33.3). Además, se impulsa el reconocimiento académico de la participación estudiantil en actividades universitarias como mentoría, aprendizaje-servicio y Ciencia Ciudadana (art. 33k). La LOSU exige que las universidades cuenten con unidades de igualdad y diversidad, defensoría universitaria, y servicios de salud y acompañamiento psicológico y pedagógico (art. 43.1). El DUA, al proporcionar múltiples medios de motivación y compromiso, contribuye a fomentar la implicación estudiantil y a atender sus diversas necesidades.
- **Flexibilidad curricular y reconocimiento del aprendizaje:** La LOSU permite la organización de títulos universitarios oficiales con itinerario abierto, mención dual o dobles titulaciones. También integra la formación permanente o a lo largo de la vida como una dimensión esencial, pudiendo desarrollarse mediante microcredenciales, micromódulos u otros programas de corta duración. Además, el Gobierno regulará el reconocimiento académico de la experiencia laboral o profesional y la formación a lo largo de la vida. Estas disposiciones promueven la flexibilidad en el «qué» y el «cómo» del aprendizaje, elementos centrales en los principios del DUA como veremos en el siguiente apartado.

La LOSU, al abogar por una Universidad que sea un espacio de inclusión, equidad, respeto a la diversidad, accesibilidad universal y adaptación tecnológica, sienta un marco normativo que no solo permite, sino que impulsa activamente la adopción de metodologías inclusivas y tecnológicamente avanzadas que se alinean perfectamente con el DUA. Este enfoque pedagógico no solo permite cumplir con los requisitos normativos de la Ley al ofrecer ajustes razonables y entornos flexibles para todo el estudiantado, especialmente para aquellos con discapacidad, sino que también impulsa la innovación docente y la calidad educativa en un contexto de transformación digital y globalización, garantizando que todos los estudiantes puedan acceder al aprendizaje, participar activamente y alcanzar su máximo potencial.

En definitiva, la implementación del Diseño Universal del Aprendizaje en el contexto universitario no solo es pedagógicamente deseable, sino que se justifica normativamente como una herramienta clave para alcanzar los objetivos de inclusión, equidad y calidad establecidos por el Espacio Europeo de Educación Superior y la Ley Orgánica del Sistema Universitario. Al proporcionar flexibilidad en la enseñanza, el aprendizaje y la evaluación, el DUA permite a las universidades responder eficazmente a la creciente diversidad de su alumnado, garantizando que todos los estudiantes, independientemente de sus orígenes, capacidades o experiencias previas, tengan la oportunidad de acceder, progresar y culminar con éxito sus estudios superiores.

Un enfoque pedagógico basado en este modelo no solo es coherente con los principios y mandatos legislativos, sino que es una respuesta práctica y efectiva a las exigencias de una universidad del siglo XXI que la propia ley promueve: inclusiva, equitativa, tecnológicamente avanzada y comprometida con la diversidad y la excelencia para todos.

4. PRINCIPIOS FUNDAMENTALES DEL MODELO DUA VERSIÓN 3.0

El contexto educativo actual se encuentra marcado por una profunda transformación, acelerada en gran medida por la pandemia, que obligó a replantear de manera abrupta los métodos de enseñanza y a incorporar estrategias vinculadas a la docencia en entornos virtuales. Este proceso se convirtió en todo un desafío tanto para docentes como para discentes, implicando un aprendizaje acelerado que, a pesar de las dificultades (brecha digital, resistencia al cambio, falta de formación en competencias digitales, escasez de recursos y medios, entre otros factores), favoreció también el desarrollo de la creatividad, el pensamiento crítico y la búsqueda autónoma de recursos. A ello se suma la creciente diversidad del estudiantado, caracterizada por distintos estilos y modelos de aprendizaje, capacidades, habilidades y competencias, que demandan respuestas pedagógicas flexibles e inclusivas.

En este escenario, el DUA se presenta como una propuesta innovadora que desafía los límites de los modelos tradicionales que no atienden a la diversidad *ab initio*, al tratarse de diseños curriculares rígidos (desde la programación y elaboración del proyecto educativo que se pretende ejecutar) promoviendo un enfoque que reconoce la heterogeneidad del estudiantado y diseña con base a esta premisa fundamental. Además, la irrupción de la inteligencia artificial (IA) en el ámbito educativo introduce nuevos retos y oportunidades vinculados a cuestiones éticas, la necesidad de un uso responsable y, entre otras cuestiones de calado, la verificación crítica[21] de los algoritmos que median la información al objeto de evitar sesgos o estructuras de exclusión que históricamente han sido ignoradas. De ahí la importancia de que docentes e instituciones se esfuercen por formarse y adaptarse, contribuyendo así a un cambio educativo que no sólo potencia la calidad del aprendizaje, sino también el desarrollo de valores sociales y personales como la empatía, la autoestima, la conducta prosocial y la aceptación de la diversidad[22].

El marco del Diseño Universal para el Aprendizaje (DUA) se sustenta en tres pilares esenciales.

---

21. Zamora Manzano, J.L -Ortega González, T. Y., IA Legum: Transformando la educación jurídica con tecnología inteligente. *Revista Educación y Derecho*, número II extraordinario: Inteligencia Artificial y Educación Superior 2024, pp. 287-301. Vid. también de los mismos autores, Transformación digital en la educación superior: Validez y supervisión de los algoritmos para el aprendizaje efectivo del derecho, en *Investigación para la mejora de las prácticas educativas desde una perspectiva holística*, Madrid, 2024, pp. 4181- 4191.
22. Morilla Portela, P., Relación entre la educación inclusiva y la calidad de vida, International *Journal of Developmental and Educational Psychology: INFAD. Revista de Psicología*, Vol. 1, N°. 2, 2016 pp. 499-510.

- Los avances más recientes en neurociencia cognitiva, que aportan conocimiento sobre el funcionamiento cerebral durante el aprendizaje.
- Las teorías y prácticas educativas exitosas orientadas a minimizar las barreras que dificultan el acceso al aprendizaje.
- El desarrollo de medios digitales y tecnologías educativas, que facilitan una enseñanza más individualizada, accesible y flexible.

Los avances en neurociencia cognitiva han permitido comprender con mayor precisión cómo se produce el aprendizaje en el cerebro, revelando dos aspectos fundamentales: por un lado, que se trata de un proceso distribuido y no jerárquico[23] en el que distintos sistemas operan simultáneamente; por otro, que existe una notable variabilidad entre individuos, lo que implica que cada persona aprende de forma única. A partir de estos hallazgos se identificaron tres redes cerebrales claves en el aprendizaje, las redes de reconocimiento, las redes estratégicas y las redes afectiva, cuya comprensión dio lugar a los principios del Diseño Universal para el Aprendizaje (DUA).

La identificación de estas tres redes cerebrales unido a cómo son utilizadas cada una de ellas en función del estudiantado, llevó al CAST a formular los tres principios fundamentales[24] en los que descansa el DUA y que permiten eliminar barreras para el aprendizaje y atender a la diversidad del estudiantado desde la planificación curricular.

---

23. PONCE BLÁZQUEZ, E., MARTÍNEZ OCAÑA, M.J., TORRES CARRERO, M.C Carmen, NAVARRO MARTÍNEZ, O. El rol docente para la sociedad actual: una escuela comprometida con la diversidad en *Metodologías emergentes en la investigación y acción educativa:* (1 ed.), Madrid, 2025, pp. 316-328, p. 318. ELIZONDO CARMONA, C., *Hacia la inclusión educativa en la Universidad...*p.44, ROSE, D. H.-MEYER, A. Teaching every student in the digital age: Universal Design for Learning. Alexandria, VA: *Association for supervision and curriculum development.,* p. 23,68,70.
24. ROSE, D. H.-MEYER, A. Teaching every student in the digital age...p.74-76.

— Proporcionar múltiples formas de **representación** de los contenidos (el qué), adaptados a diferentes estilos cognitivos y niveles de competencia. Esto significa ofrecer la información de diferente manera o empleando recursos diversos para que todos puedan comprenderla, teniendo en cuenta que no todos procesamos la información de igual forma.

— Proporcionar múltiples formas de **acción y expresión** (el cómo), que permitan al alumnado demostrar su aprendizaje de manera diversa, adaptadas a diferentes capacidades organizativas, motoras y estratégicas. Un alumno puede sentirse más competente mostrando lo que sabe mediante un formato o actividad concreta, mientras que otro lo hará mejor de una manera diferente.

— Proporcionar múltiples formas de implicación y motivación, que favorezcan la autonomía y el **compromiso** activo del estudiante (el por qué). Consiste en diseñar actividades que conecten con lo que motiva a cada estudiante y que les permitan participar de forma activa y significativa. Está también relacionado con el cómo del aprendizaje, con el fin de adaptarse a las diferencias en la motivación y el compromiso que cada estudiante muestra hacia el proceso educativo. Las variaciones que pueden existir se explican por el funcionamiento singular de sus redes afectivas las cuales influyen en lo que les motiva, cómo se involucran y qué puede ayudarles a mantener el interés.

FIGURA 3. Pautas del DUA

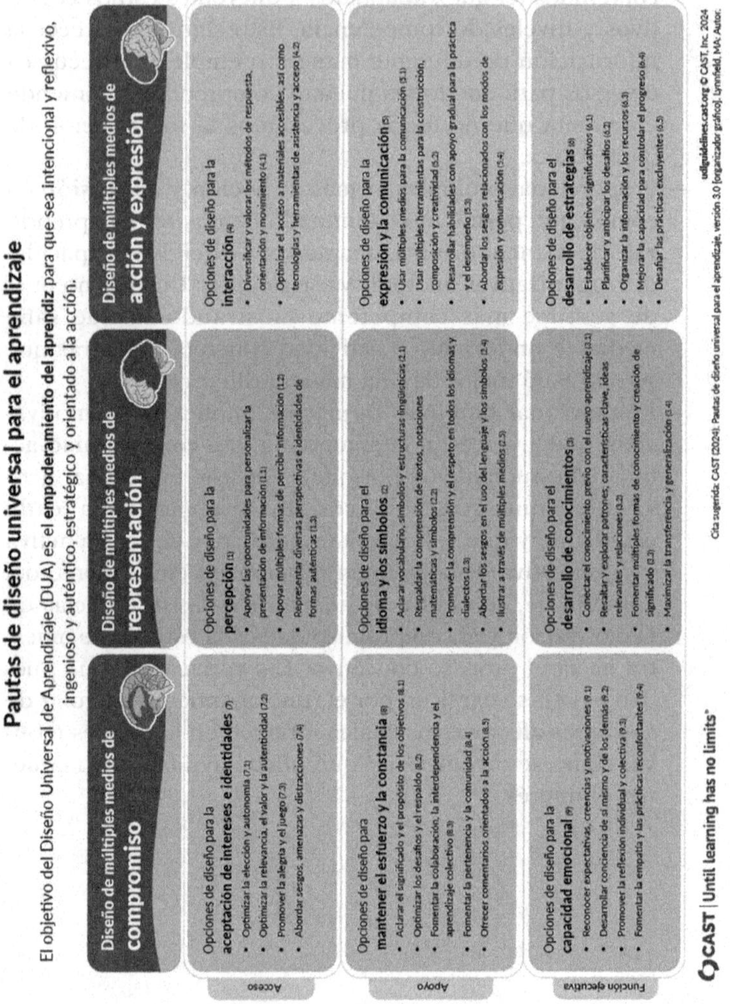

Pautas de diseño universal para el aprendizaje

El objetivo del Diseño Universal de Aprendizaje (DUA) es el empoderamiento del aprendiz para que sea intencional y reflexivo, ingenioso y auténtico, estratégico y orientado a la acción.

Fuente: https://udlguidelines.cast.org/

Estos principios han sido actualizados por la reciente publicación de la versión 3.0 por el CAST[25], que, si bien se basa en las versiones anteriores, introduce novedades significativas si la comparamos con la versión 2.2 siendo la incorporación del «quién» del aprendizaje la más relevante.

Hasta el momento, el énfasis se centraba en la diversidad de formas en que los estudiantes se involucraban en el aprendizaje, esto es, en el por qué, en el qué y en el cómo. Esta nueva versión incorpora el quién, reconociendo las identidades múltiples e interrelacionadas de cada estudiante como un componente esencial de esta variabilidad, siendo el objetivo central de este nuevo marco el empoderamiento del aprendiz o *learner agency*[26], para que sea intencional y reflexivo, ingenioso y auténtico, estratégico y orientado a la acción. El agente del aprendizaje es intencional cuando tiene un propósito claro, y reflexivo cuando piensa críticamente sobre su propio proceso de aprendizaje. Es ingenioso cuando sabe cómo utilizar los materiales y el entorno, y es auténtico cuando aplica su conocimiento de manera significativa y demuestra sus fortalezas. Por último, entendemos que es estratégico cuando planifica su aprendizaje y gestiona el tiempo, y orientado a la acción cuando puede aplicar ese conocimiento y llevar a cabo tareas de diferentes maneras.

Entre las principales novedades, destacamos la incorporación de la identidad como elemento esencial de la diversidad del alumnado, reconociendo que cada estudiante aporta una pluralidad de experiencias y perspectivas que deben ser valoradas en el proceso de aprendizaje. Asimismo, la nueva versión identifica de forma expresa la existencia de sesgos y barreras, tanto in-

---

25. Versión original en https://udlguidelines.cast.org/. En el desarrollo de este proyecto nos vamos a apoyar en la versión traducida y adaptada por Pablo Morilla Portela y María José Álvarez Guardia, denominada Diseño Universal para el Aprendizaje (DUA), versión 3.0 disponible en https://equipotecnico orientaciongranada.com/wp-content/uploads/2024/09/articulo-dua-3.0-morilla-y-alvarez.pdf [acceso: 27/08/2025].
26. Spero, V., Universal Design Learning (UDL) for Extension Audiencies: 4H449, 5/2025 *EDIS*, 2025, pp. 1-4.

dividuales como institucionales o sistémicas, que pueden limi-
tar el acceso efectivo y la equidad en la educación, abogando
por una enseñanza-aprendizaje sin límites, alineándose con el
deber jurídico de remover obstáculos para garantizar la igualdad real y efectiva.

El DUA 3.0 también pone en valor la interdependencia y el
aprendizaje colectivo, promoviendo la colaboración y el apoyo
mutuo como estrategia para construir comunidades educativas
más justas. Además, propone la adaptación del lenguaje más
centrado en el estudiante que en el profesor, lo que facilita la
corresponsabilidad y la participación de todas las personas im-
plicadas en el proceso formativo.

En el contexto de la enseñanza del Derecho, la aplicación de
estos principios no requiere conocimientos técnicos avanzados
en pedagogía, sino una actitud abierta a la adaptación de los
métodos y recursos para atender la diversidad del alumnado. De
este modo, se contribuye no solo al cumplimiento de las obligaciones legales en materia de igualdad y no discriminación, sino
también a la formación de juristas más conscientes de la pluralidad social y de los derechos fundamentales.

En suma, la actualización de las Directrices DUA ofrece un
marco renovado que impulsa la eliminación de barreras y la valoración de la diversidad, en plena sintonía con los valores y
principios que inspiran el ordenamiento jurídico.

La versión 3.0 enfatiza en los tres principios los siguientes
aspectos:

Con relación al **compromiso** (el por qué), se aborda la dimensión afectiva y la motivación del estudiante, buscando que
el aprendizaje sea significativo y que el estudiante se sienta de-
cidido y orientado a la consecución de las metas planteadas. El
objetivo central de este principio es derribar barreras arraiga-
das en prejuicios y sistemas de exclusión para fomentar la perseverancia y la autogestión de los procesos afectivos, cognitivos
y conductuales. Esto se logra a través de tres pilares: primero,
la primera directriz busca la aceptación de intereses e identidades, exigiendo optimizar la elección y autenticidad y abordar
explícitamente los sesgos y amenazas que impiden un entorno

de aprendizaje acogedor y que pueden afectar la experiencia educativa. Además, se promueve la alegría y el juego como formas legítimas de explorar y de aprender, transformando el aula o el proceso del aprendizaje autónomo en un espacio dinámico y estimulante. La segunda pauta se enfoca en mantener el esfuerzo y la constancia al clarificar el propósito de los objetivos, optimizar los desafíos y, crucialmente, promover la interdependencia y un legítimo sentido de pertenencia y comunidad. Es clave que los contenidos sean relevantes y auténticos, conectando el estudio jurídico con la realidad de sus comunidades o entornos, lo que da sentido y propósito al aprendizaje. La última pauta desarrolla la capacidad emocional, lo que implica reconocer las propias motivaciones, expandir la conciencia de sí mismo y de los demás, y fomentar la empatía y las prácticas reconfortantes o restaurativas para manejar la frustración, para regular el esfuerzo, mantener la motivación y la perseverancia a largo plazo, habilidades esenciales para la práctica jurídica.

FIGURA 4. Elementos del compromiso

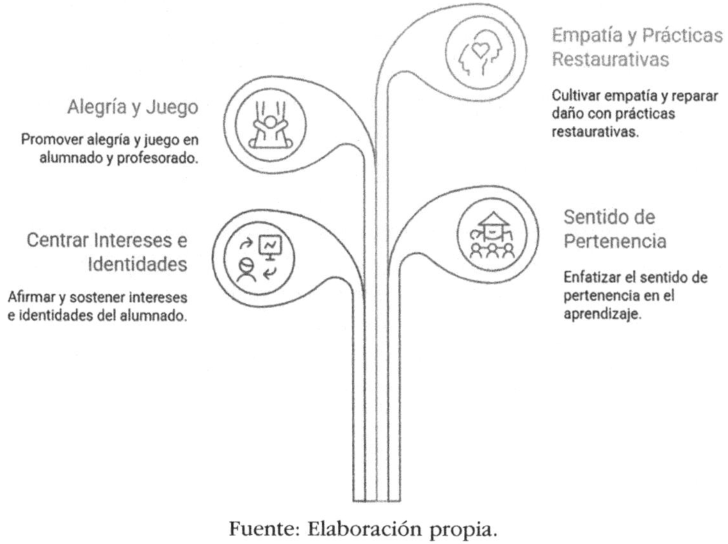

Alegría y Juego
Promover alegría y juego en alumnado y profesorado.

Empatía y Prácticas Restaurativas
Cultivar empatía y reparar daño con prácticas restaurativas.

Centrar Intereses e Identidades
Afirmar y sostener intereses e identidades del alumnado.

Sentido de Pertenencia
Enfatizar el sentido de pertenencia en el aprendizaje.

Fuente: Elaboración propia.

Por lo que respecta a las múltiples formas de **representación** o el qué del aprendizaje, esta nueva versión se centra en las redes de reconocimiento para asegurar que la información que se transmite sea perceptible y comprensible para todos, valorando la diversidad en cómo se percibe y se da significado a la información proporcionada. Las pautas recomiendan una cierta flexibilidad en la presentación de los materiales que se proporcionan para favorecer la personalización, esto es, para que pueda ser accesible en diversos formatos y desde diversas perspectivas, reconociendo que no existe una única forma óptima de representación para todos. Debemos ser conscientes de que cuando los contenidos se presentan de una única forma o en formatos que son difíciles de percibir o que requieren de un esfuerzo adicional, se generan barreras innecesarias y ello puede provocar en el estudiantado sentimientos de exclusión o de inferioridad, desmotivación o desconexión con el aprendizaje.

Para ello es fundamental ofrecer la misma información en diferentes modalidades (visual, escrito, auditivo, táctil), y en diversos formatos (como textos ampliables, sonidos regulables o interfaces adaptativas) para que cada estudiante pueda acceder en la forma que más se ajuste a sus necesidades. Asimismo, es importante asegurar que los materiales o los ejemplos propuestos reflejen una diversidad de personas, culturas, identidades y perspectivas, fomentando un sentido de validación y pertenencia.

Estas estrategias no sólo benefician a estudiantes con discapacidad, sino que enriquecen el aprendizaje para todos. Además, cuando el alumnado puede verse reflejado en los contenidos, como si se tratara de un espejo, y también conocer o explorar otras realidades, como si estuvieran en un balcón o en una ventana, se generan conexiones más profundas y significativas en el aprendizaje.

FIGURA 5. Elementos de la representación

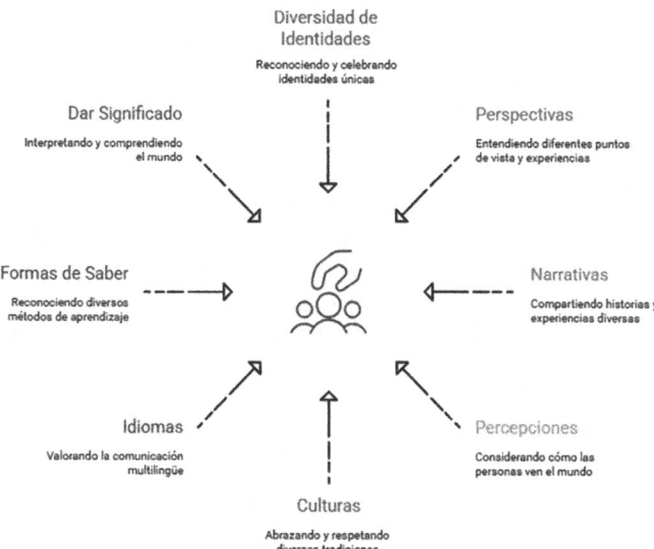

Fuente: Elaboración propia.

El último principio responde al «cómo» del aprendizaje (acción y expresión), y se enfoca en desarrollar las capacidades estratégicas del alumnado, ayudándoles a convertirse en aprendices autónomos, reflexivos y orientados a metas. En el caso de los estudiantes de Derecho, esto implica que el proceso de aprendizaje no debe estar limitado por métodos rígidos o únicos. Por el contrario, es fundamental ofrecer opciones flexibles que les permitan interactuar con el entorno físico, curricular y digital de manera accesible y significativa.

Una parte esencial de este principio es la expresión y comunicación. El alumnado debe tener la posibilidad de demostrar lo que sabe a través de diversas modalidades, más allá del ensayo o las formas tradicionales como un examen escrito. Esto incluye el uso del discurso oral, presentaciones, recursos visuales, colaborativos o herramientas contemporáneas surgidas por el uso de las TIC o la inteligencia artificial generativa. Valorar esta diversidad no solo amplía las formas de participación, sino que también ayuda a reducir los prejuicios que históricamente han silenciado ciertos modos de comunicación, especialmente aquellos que no se ajustan a los estándares académicos tradicionales.

Asimismo, este principio promueve el desarrollo de estrategias de aprendizaje, lo cual es especialmente relevante en disciplinas como el Derecho, donde las tareas suelen ser complejas y de alto nivel. Para ello, es necesario proporcionar un andamiaje claro y explícito que enseñe al alumnado a establecer objetivos desafiantes, planificar soluciones, anticipar dificultades y monitorear su propio progreso. Estas habilidades ejecutivas son clave para que puedan desenvolverse con eficacia en contextos académicos y profesionales.

FIGURA 6. Elementos de la acción y expresión

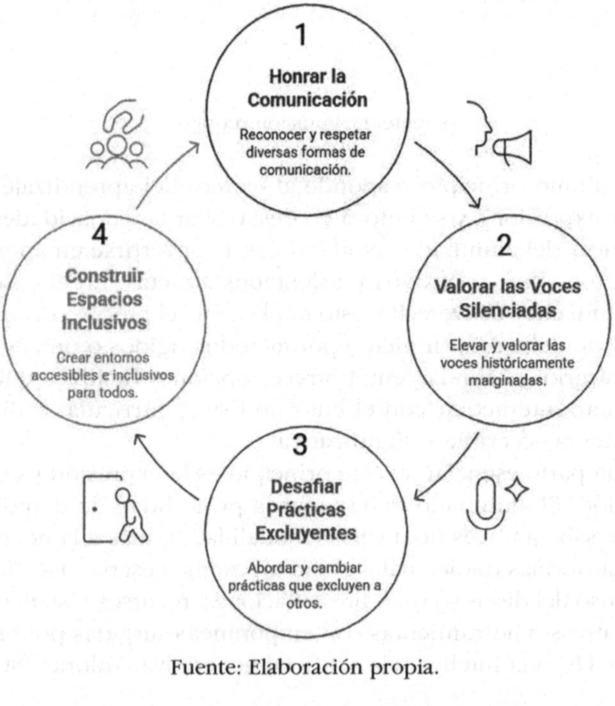

Fuente: Elaboración propia.

En definitiva, este principio invita al profesorado a revisar críticamente sus prácticas y a desafiar aquellas que puedan resultar excluyentes. El objetivo es asegurar que todos los estudiantes tengan la oportunidad de demostrar sus conocimientos y habilidades de manera auténtica, utilizando los medios que mejor se adapten a sus fortalezas, contextos y formas de expresión.

5. APLICACIÓN CONCRETA EN EL ÁMBITO UNIVERSITARIO. ESTRATEGIAS METODOLÓGICAS EN LA DOCENCIA DE LA ASIGNATURA DE DERECHO ROMANO

A lo largo de los años hemos venido desarrollando e implementando diversas estrategias, metodologías y herramientas con un claro propósito inclusivo. Sin embargo, no fue hasta hace relativamente poco cuando tomamos conciencia de que muchas de estas prácticas, aplicadas de manera intuitiva y desde la experiencia, se enmarcaban en los principios del Diseño Universal para el Aprendizaje (DUA). Ponerle nombre a aquello que ya veníamos haciendo nos ha permitido reconocer que su eficacia no era fruto del azar, sino la consecuencia de un enfoque sólido que favorece la participación, la equidad y el aprendizaje significativo de todo el alumnado. Creemos que una de las principales limitaciones para la consolidación del DUA como eje de los proyectos docentes en la educación superior radica precisamente en la escasez de investigaciones que demuestren sus efectos sostenidos más allá de experiencias puntuales o de corto alcance. Por ello, en esta obra queremos compartir el recorrido de varios años de implementación consciente de este enfoque, mostrando cómo su aplicación repercute de forma estable en el rendimiento académico, en la adquisición de competencias, en la reducción de la tasa de abandono, especialmente entre el estudiantado de primer curso, y en la consolidación de aprendizajes profundos y duraderos. Solo a través de una mirada a medio y largo plazo es posible construir marcos de referencia sólidos que orienten tanto la práctica docente como las políticas universitarias de accesibilidad, inclusión y equidad.

Una vez consolidada la comprensión del Diseño Universal para el Aprendizaje (DUA) y sus tres principios rectores, así como el marco normativo universitario que exige garantizar la accesibilidad universal en los procesos de enseñanza-aprendizaje, este epígrafe se centra en la materialización de la innovación pedagógica en la asignatura de Derecho Romano.

El DUA se erige como el paradigma fundamental para diseñar entornos educativos donde la variabilidad individual es reconocida como la norma[27], permitiendo que el profesorado aborde de manera proactiva las barreras que puedan surgir de métodos o materiales rígidos.

Esta aproximación metodológica se alinea con la versión 3.0 del DUA (CAST, 2024), la cual profundiza en el objetivo de fomentar la autogestión del alumnado (su capacidad de participar activamente en la toma de decisiones sobre su aprendizaje), y enfatiza la necesidad de abordar sesgos, amenazas y distracciones y de centrar, afirmar y sostener las identidades e intereses de los estudiantes, promoviendo un entorno que valore y cultive múltiples formas de conocimiento y expresión.

---

27. GUTIÉRREZ BARRENENGOA, A, SERRANO ARGÜESO, MUGARRA ELORRIAGA, A., *Retos jurídico-sociales para la inclusión de las personas con discapacidad*, Valencia, 2024, p. 498, HERRERO VÁZQUEZ, M., El Diseño Universal aplicado a la enseñanza universitaria y el Diseño Universal para el Aprendizaje en la formación del profesorado, en *Estrategias didácticas con recursos innovadores abiertos en contextos híbridos de aprendizaje*, Torralba-Burrial, Antonio (ed. lit.), García-Sampedro, Marta (ed. lit.), Madrid, 2025, pp. 29-34, DELGADO VALDIVIESO, K., Diseño universal para el Aprendizaje, una práctica para la educación inclusiva. Un estudio de caso. *Revista Internacional de apoyo a la Inclusión, Logopedia, Sociedad y Multiculturalidad*, vol 7, n°2, 2021, pp. 14-25, PASTOR, A., ZUBILLAGA DEL RÍO, A., SÁNCHEZ SERRANO, J.M., Tecnologías y Diseño Universal para el Aprendizaje (DUA)experiencias en el contexto universitario e implicaciones en la formación del profesorado, *RELATEC: Revista Latinoamericana de Tecnología Educativa*, Vol. 14, N°. 1 (Número especial - XXIII Jornadas Universitarias de Tecnología Educativa), 2015, pp. 89-100, ANTÓN ARES, P., ZUBILLAGA DEL RÍO, A., SÁNCHEZ HÍPOLA, P., PASTOR, A., Tecnologías e inclusión en la Educación Superior, *Revista Latinoamericana de Tecnología Educativa - RELATEC*, Vol. 5 n°. 2, 2006, pp. 366-377.

En este contexto de transformación digital y pedagógica en la educación superior, la docencia del Derecho Romano se presenta como un campo propicio para la experimentación, buscando integrar la tradición del conocimiento jurídico con la flexibilidad y la equidad que exige el momento actual.

El presente epígrafe tiene como objetivo exponer las estrategias metodológicas específicas que ya se han implementado en la docencia de nuestras asignaturas, así como aquellas prácticas innovadoras que son objeto o pueden ser objeto de aplicación futura. Estas estrategias han recurrido activamente a las Tecnologías del Aprendizaje y el Conocimiento (TAC), y han explorado propuestas como la gamificación (incluyendo el Breakout Digital o Escape Room virtual), el uso de videos 360° para experiencias inmersivas, la creación de objetos de aprendizaje mediante podcast (píldoras PEP), y la aplicación de la Inteligencia Artificial (IA) para transformar el aprendizaje jurídico.

Indudablemente, las estrategias metodológicas que se exponen a continuación se alinean o apoyan en los principios del Diseño Universal para el Aprendizaje (DUA 3.0), buscando diversificar las opciones de aprendizaje, promover el pensamiento crítico y garantizar una educación accesible y de calidad para todos. La estructura de estas prácticas se articula sistemáticamente en torno a sus tres principios cardinales: el fomento del compromiso, la acción y expresión, y la representación, mostrando así las implementaciones en la docencia del Derecho Romano.

A) Propuestas metodológicas que contribuyen a fomentar el compromiso en el estudiantado

Este principio se centra en motivar e involucrar a los estudiantes, reconociendo que sus intereses, identidades y emociones son cruciales en el proceso de aprendizaje. Busca conectar el contenido con sus vidas, fomentando la alegría, el juego y la empatía.

La ludificación o la gamificación[28] emerge como la estrategia

---

28. LÓPEZ RENDO, C.- AZAUSTRE FERNÁNDEZ, M.J., Global: gymkana jurídica y método COIL para la enseñanza - aprendizaje del Derecho Romano. *RIDROM,* 32-

metodológica por excelencia para la activación de la dimensión afectiva del aprendizaje, esto es, el compromiso. Su eficacia radica en capitalizar la inherente propensión humana al juego, un fenómeno antropológico que Huizinga[29] denominó *homo ludens,* donde la cultura nace jugando y el hombre necesita sentir ese deseo de recompensa, de estatus, logro, expresión, competición y altruismo, y estas necesidades atemporales son el motor de la gamificación.

En el ámbito educativo consiste en la aplicación consciente de mecánicas, dinámicas y estéticas propias de los juegos en contextos no lúdicos como el aula universitaria. Esta técnica no es un simple añadido, sino una decisión metodológica que concreta intencionalidad formativa, es decir, se transforman tareas que requieren un esfuerzo sostenido en desafíos estructurados y con propósito. Al hacerlo, el objetivo es alcanzar el *engagement* profundo del estudiante, logrando que participe de manera dinámica y proactiva.

La ludificación inyecta la alegría y el juego como formas legítimas de exploración y aprendizaje. Ofrece al estudiante una variedad de rutas de aprendizaje y temáticas narrativas (como el digital *storytelling*[30] o los *scape rooms*[31] *virtuales*) para alcan-

2024, pp. 105-177, p. 146, ZAMORA MANZANO, J.L-ORTEGA GONZÁLEZ, T. Y., *Innovación en la enseñanza del derecho romano con las TIC del siglo XXI*, Madrid, 2022, ZAMORA MANZANO, J.L-ORTEGA GONZÁLEZ, T. Y., Gamificando el aula online en Derecho, en *Tecnología y educación en tiempos de cambio*, Málaga, 2021, pp. 592-602, ZAMORA MANZANO J.L., «La enseñanza en el siglo XXI: una reflexión sobre las metodologías en la Universidad», en Reflexiones sobre la misión de la Universidad en el siglo XXI, (Coord. Obarrio-Bosh-Zamora et al.), Dykinson Madrid, 2020, pp. 281-291; p. 287, ZAMORA MANZANO, J.L, BELLO RODRÍGUEZ, S. et al. «Una propuesta de diseño instruccional en el ámbito jurídico: ludificación y motivación en el aula», en *Diversidad educativa, armonización de competencias y transferencia en el desarrollo profesional,* CD-rom, 1-12. Anaya-Uned, Madrid, 2018.
29. HUIZINGA, J., *Homo Ludens,* Alianza, Madrid, 2012, p. 7
30. CORTÉS ROMÁN, C., Storytelling y problematización jurídica en la enseñanza del Derecho Romano, *RIDROM*, 32, 2024, pp. 24-56.
31. ZAMORA MANZANO, J.L., ORTEGA GONZÁLEZ, T.Y., Estrategia metodológica motivacional en el ámbito jurídico. Scape room virtual», en *Avances en Educación Superior e Investigación*, Volumen I, Madrid, Dykinson, 2021, p. 260, ZAMORA

zar un objetivo, permitiendo que el estudiante ejerza su elección y alineando el contenido jurídico con sus intereses auténticos.

Al mismo tiempo, las mecánicas de juego son cruciales para sostener la persistencia. Elementos como los puntos de experiencia, los niveles, y las barras de progreso actúan como sistemas de *feedback* y progresión que clarifican el propósito y optimizan los desafíos. La asignación de insignias o trofeos por el dominio de habilidades refuerza el sentido de pertenencia y la valía, mientras que el diseño de desafíos escalonados evita la frustración. La competición y la lucha por un nivel superior, especialmente en contextos grupales, potencia la cohesión y la interdependencia.

El impacto más profundo de la gamificación reside en su capacidad para gestionar la frustración. En un entorno lúdico, el error se resignifica: deja de ser un fracaso para convertirse en una oportunidad de *retry* (reintento) con *feedback* inmediato. Esto permite al estudiante autorregular su esfuerzo y expandir la conciencia de sí mismo. Herramientas como los entornos 360° y los casos simulados fomentan la empatía al obligar al estudiante a asumir diversos roles sociales, contribuyendo al desarrollo de habilidades esenciales de autocontrol y perseverancia a largo plazo.

Para estructurar la motivación, es vital distinguir los componentes del diseño. Las mecánicas se presentan como las reglas que generan el *engagement* y una cierta adicción, incluyendo la asignación de puntos, cuya aversión a la pérdida incrementa la rivalidad, la obtención de insignias y trofeos, los niveles que miden la implicación y los rankings que generan una clasificación que ayuda a establecer una comparativa entre los distintos jugadores. A su vez, todas estas mecánicas de juego necesitan de unas dinámicas que hagan más ameno y divertido el aprendizaje, ya que el juego es una de las formas en la que se manifiesta la propensión natural e intrínseca de los estudiantes a apren-

---

Manzano, J.L-Ortega González, T.Y., Derecho romano y Breakout Digital, en *La tecnología educativa hoy*, Málaga, 2021.

der, como nos comenta Moore-Walsh[32]; si bien los mismos deben ser diseñados cuidadosamente para asegurarse de que se relacionan con unos objetivos de aprendizaje, creando una atmósfera interactiva, visual y colaborativa, evitando por tanto que el aula quede insulsa y anodina. Para ello, fomentamos la competición que sin duda implica un magnífico instrumento para atraer el interés del alumno por una actividad, ya se vaya a realizar individual o grupal; por otro, el trabajo cooperativo ya que se juega con el hecho de que es un mismo grupo el que persigue un mismo fin y al mismo tiempo intentar actuar como facilitador, potenciando enfoques autónomos de aprendizaje y mejorando la interacción entre los grupos de trabajo.

Finalmente, la efectividad de la gamificación se potencia con la integración de las TIC. En la Sociedad Digital, el Mobile Learning (*M-Learning*) y la tendencia BYOD (*Bring Your Own Device*) facilitan la ubicación y flexibilidad del aprendizaje. El uso de la Clase Invertida (*Flipped Classroom*) con materiales multimedia prepara a los alumnos para superar los retos gamificados, mientras que aplicaciones específicas (digital *storytelling, chatbots, scape rooms*) se integran en el ecosistema digital para garantizar un aprendizaje centrado en el alumno y plenamente comprometido.

La correcta implementación de esta estrategia se alinea a la perfección con las tres pautas del compromiso, es decir, con las estrategias de acceso, apoyo y la función ejecutiva, buscando derribar o superar barreras de exclusión y optimizar la motivación del estudiante, así como la del profesorado ya que este último puede diseñar contextos flexibles y maximizar las oportunidades de aprendizaje.

Por lo que respecta a las estrategias que favorecen el **acceso** dentro de esta pauta, señalar que van enfocadas a crear un entorno de aprendizaje que acoja al alumnado en su totalidad. La primera directriz consiste en optimizar la elección y la autono-

---

32. *Estrategias eficaces para enseñar en la universidad*, Lavel, Madrid, 2012, p. 106

mía, lo cual se logra al incorporar opciones auténticas y alineadas con los objetivos de aprendizaje para mejorar el compromiso, desarrollar la autogestión, aumentar la satisfacción en los logros y su conexión con el aprendizaje. Las actividades que se proponen deben permitir que el alumnado tome decisiones reales que pueden influir positiva o negativamente en su proceso, lo cual fortalece la implicación y el sentido de control. Para cumplir con este principio, se propone ofrecer distintas opciones para la entrega de trabajos (informe, podcast, video, infografía), ofrecer itinerarios temáticos para realizar comentarios de texto o estudio de caso, y fomentar un enfoque cooperativo entre el alumnado y el profesorado para el diseño de las tareas y, en su caso, los criterios de evaluación.

Un ejemplo que integra esta directriz, el uso del juego y la autonomía al usar tecnologías que permiten el descubrimiento y la experimentación es el diseño de un *breakout digital* con opciones de elección. El compromiso se fomenta al permitir que el estudiantado puede elegir entre dos narrativas históricas o modalidades para abordar el juego en línea centrado por ejemplo en la *Lex Aquilia*. Para ello se proponen dos opciones:

a) **Gamificación directa:** Un grupo puede optar por la resolución de acertijos jurídicos y desafíos lúdicos.
b) **Exploración Inmersiva:** El otro grupo elige una exploración inmersiva con vídeo 360° que simula una Villa Romana y un supuesto de responsabilidad por daño.

Al proporcionar la opción de escoger el formato de actividad, se acoge la diversidad de intereses y se asegura que el alumnado participe en un ambiente que valora su perspectiva y preferencias.

La segunda, por su parte, persigue optimizar la relevancia, el valor y la autenticidad, partiendo de que las personas se comprometen con contenidos y actividades que son relevantes y valiosos para sus intereses, metas y comunidades; el profesorado debe destacar la utilidad y demostrar dicha relevancia a través de actividades auténticas y significativas para captar el interés de todo el alumnado de manera equitativa. Así, podemos relacionar los principios y bases del derecho romano con casos actuales, o realizar *moot courts* históricos donde se argumenten cuestiones jurídicas romanas con aplicación contemporánea. También, podemos fomentar el pensamiento crítico estableciendo foros de discusión donde se analicen instituciones jurídicas romanas y el tratamiento de estas en la actualidad.

En tercer lugar, se afirma que los entornos de aprendizaje que despiertan alegría y ofrecen oportunidades para el juego son fundamentales para el compromiso y el desarrollo. Fomentar un componente lúdico, la curiosidad y la imaginación se logra a través de oportunidades para la exploración y la experimentación. Así, podemos incorporar elementos lúdicos como juegos de roles históricos, desarrollar cuestionarios tipo *Quizizz*, hoy llamado *Wayground*, o escape rooms, introducir la gamificación con recompensas, como apuntamos con carácter previo o la utilización de *chatbots* que simulen el diálogo con un jurista romano para el análisis de fuentes jurídicas.

Finalmente, la cuarta directriz trata de abordar sesgos, amenazas y distracciones mediante la creación de una cultura de aprendizaje acogedora y de apoyo, asegurando que el alumnado se sienta valorado y seguro para asumir riesgos, reduciendo proactivamente las amenazas y distracciones negativas para crear un espacio en el que el aprendizaje pueda ocurrir. Cuando el alumnado se siente amenazado o distraído no se compromete plenamente con el aprendizaje. En estos casos, la palabra amenaza no se refiere sólo a un peligro físico o exterior, sino también a cualquier cosa en el entorno de aprendizaje que los haga sentir inseguros o les provoque cierta distracción. Esto implica el uso de rutinas y alertas visibles para aumentar la previsibilidad del entorno, es decir, diseñar un ambiente de aprendizaje para que el estudiante se sienta seguro, pueda concentrarse y emplear toda su energía en aprender. Cuando no sabe qué pasará después (¿Cuándo termina la clase? ¿Cómo tengo que entregar este trabajo? ¿Qué pasa si me equivoco?), el cerebro usa recursos valiosos para intentar adivinar o preocuparse, aumentando la carga cognitiva, es decir, la mente se llena de preocupaciones en lugar de contenido de la asignatura. Por tanto, si el estudiante sabe exactamente cómo se desarrollará la clase, el cerebro puede liberar esa energía y dedicarse por completo al aprendizaje.

FIGURA 7. Estrategias que favorecen el acceso

Acceso

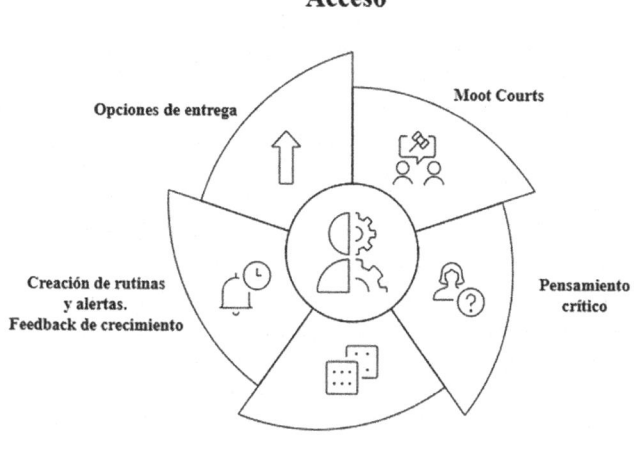

Fuente: Elaboración propia.

A modo de ejemplo, podemos fijar una rutina de entrega para la presentación de trabajos («Todas las tareas deben presentarse a través del campus virtual, todos los martes y siempre antes de las 23:59»), o bien, si se plantea en el foro de la asignatura una problemática, la rutina es que siempre se inician con una pregunta crítica y se cierra con un resumen de las conclusiones o de los acuerdos alcanzados, logrando que los estudiantes participen ya que saben de antemano cuáles son las reglas. También resulta muy eficaz planificar el desarrollo de las clases y comunicar al estudiantado cómo se van a desarrollar las mismas (P. ej: las dos primeras horas son de contenido teórico, con un descanso de quince minutos entre ellas, y la tercera hora es eminentemente práctica), proporcionar listas de cotejo o *chec-*

klist, tanto para actividades de autoevaluación como para ejercicios o prácticas evaluables, utilizar rúbricas compartidas o gráficos que reflejen el momento actual, los avances realizados y qué pasos se deben dar para llegar al siguiente nivel, en lugar de dar solo una nota. En este caso, el *feedback* va orientado a la acción, a la mejora, y no a la penalización, lo cual mantiene la motivación y el esfuerzo.

Para favorecer el **apoyo** dentro de esta pauta, se propone plantear opciones de diseño que permitan mantener el esfuerzo, la constancia y el desarrollo de una mentalidad de crecimiento o *growth mindset*[33] permitiendo superar desafíos y frustraciones. El aprendizaje, especialmente en disciplinas complejas, requiere un esfuerzo y una determinación sostenidos. Esta pauta aborda cómo diseñar el entorno para apoyar al alumnado a persistir a través de los retos, mediante la claridad de las metas y la colaboración. Digamos que es como el combustible y la navegación en un viaje largo. Los estudiantes ya tienen el motor, es decir, el interés o la motivación que nos ofrece la pauta siete referente al compromiso, pero para llegar lejos necesitan saber hacia dónde van (8.1: Claridad del Objetivo/Rúbricas), sentirse capaces de conducir por carreteras difíciles (8.2: Desafíos y Apoyos), tener copilotos que los ayuden a mantenerse despiertos y en la ruta (8.3: Colaboración/Interdependencia), y recibir un GPS constante que les diga exactamente qué tan bien están conduciendo (8.5: Retroalimentación orientada a la acción). Sin estas opciones, la motivación inicial se agota rápidamente ante el primer obstáculo.

El aprendizaje sostenido requiere que el alumnado comprenda por qué un objetivo es importante y cómo se conecta con sus vidas y comunidades. El profesorado debe expresar con clari-

---

33. CAMPBELL, A. Exploring growth mindset experiences in university students, *International journal of mathematical education in science and technology*, Vol. 54, Nº. 9, 2023, pp. 1888-1906, XU, K.-KOORN, P. et al, A growth mindset lowers perceived cognitive load and improves learning Integrating motivation to cognitive load, *Journal of educational psychology*, Vol. 113, Nº. 6, 2021, pp. 1177-1191.

dad los objetivos y recordarlos de forma constante, utilizando distintos medios o formatos para facilitar su comprensión.

Resulta igualmente importante ayudar al alumnado a transformar esos objetivos generales en metas parciales o alcanzables a corto plazo, que orienten su progreso y refuercen su motivación. Asimismo, es recomendable construir de manera conjunta con el grupo los criterios que definen un trabajo de calidad y ofrecer ejemplos significativos que conecten con sus realidades culturales, identidades e intereses personales. Así, podemos publicar en el campus virtual de la asignatura rúbricas para cada una de las tareas y problemas planteados, lo cual es crucial para que el estudiantado tenga intenciones de aprendizaje claras y para monitorear su progreso.

Al mismo tiempo, el estudiantado necesita ser desafiado, pero los desafíos deben estar equilibrados con los recursos de apoyo disponibles. Esto implica ofrecer opciones con diferentes modos de complejidad o dificultad y proporcionar herramientas y andamiajes educativos (*scaffolding*[34]) que apoyen el objetivo de aprendizaje y promuevan la autogestión. También se debe enfatizar el proceso, el esfuerzo y el progreso como alternativas a la evaluación externa y la competencia. En este caso, podemos recurrir a la clase invertida u ofrecer ejercicios de autoevaluación con diferentes niveles de dificultad y recursos de apoyo adicionales por si el estudiante encuentra dificultades, con retroalimentación inmediata y constructiva para que reflexionen sobre el error y el proceso. También podemos ofrecer textos jurídicos extraídos de la fuente original pero presentados con diferentes modos de dificultad o complejidad, sobre todo de carácter interpretativo. Al variar el nivel de desafío, se establece la creencia fundamental en la competencia de cada alumno/a, promoviendo altas expectativas para que todos sean desafiados óptimamente en su proceso de aprendizaje.

---

34. Díaz Maggioli, G., Andamiaje: a casi medio siglo de su creación, *Cuadernos de Investigación educativa,* Vol.14, nº 1, 2023, pp. 1-17. https://doi.org/10.18861/cied.2023.14.1.3251, Rose, D. H.-Meyer, A. Teaching every student in the digital age... pp. 97-98.

Para el fomento de la colaboración, la interdependencia y el aprendizaje colectivo, el docente debe formar equipos con objetivos, roles, expectativas y responsabilidades claras. Esto incluye el trabajo cooperativo, que ayuda a impulsar y ampliar el pensamiento y la práctica de los demás. También se debe fomentar el apoyo entre pares (tutoría entre pares) y el uso de señales que guíen al estudiantado a compartir perspectivas diferentes. Así, podemos proponer la resolución de casos prácticos en grupos cooperativos, asignando roles específicos para fomentar no sólo el apoyo mutuo sino también el análisis y la discusión. También podemos incluir dentro de esta directriz la creación de debates temáticos en foros digitales o herramientas comunicativas multicanal como Kialo Edu[35], ya que fomentan la discusión y la comunicación como parte de la estrategia metodológica. Se promueve la interdependencia y el aprendizaje colectivo al asignar roles concretos y específicos a los participantes (por ejemplo, investigador, sintetizador, acusador o defensor). Este sistema garantiza que los equipos trabajen con objetivos, roles y expectativas claras, permitiendo que el alumnado aprenda de la diversidad de ideas y perspectivas de sus compañeros, un proceso central para generar conocimiento colectivamente y mantener la persistencia.

Finalmente, esta pauta exige que el docente proporcione retroalimentación específica, frecuente y oportuna, y que ésta además sea relevante y constructiva. Este tipo de retroalimentación enfatiza el esfuerzo y la práctica en lugar de la capacidad inherente, guiando al alumnado hacia prácticas de aprendizaje exitosas a largo plazo, y se diferencia de la evaluación sumativa tradicional porque enfatiza el proceso, el esfuerzo, la mejora y el logro del objetivo. La retroalimentación es informativa y modela cómo el estudiante puede incorporar la reflexión para guiar sus estrategias de aprendizaje futuras. Al ser inmediata, relevante, constructiva, oportuna y centrada en la acción, fomenta la

---

35. ZAMORA MANZANO, J.L-ORTEGA GONZÁLEZ, T. Y., *Innovación en la enseñanza del derecho romano con las TIC del siglo XXI*, pp. 109-121.

perseverancia y el desarrollo de la autoeficacia y la autoconciencia del estudiante.

Como ejemplo de esta propuesta, ya hemos mencionado los ejercicios de autoevaluación con *feedback* inmediato y constructivo, sin perjuicio del aprendizaje que se puede obtener cuando se realizan prácticas en el aula y exposiciones donde el profesorado interpela a quien expone, lo guía, y al finalizar comparte las impresiones, los aspectos positivos y las cuestiones que se deben mejorar tanto desde el punto de vista del fondo como de la forma. En este contexto, se implementa la tecnología para proporcionar *feedback* inmediato a través de chatbots. El uso de chatbots en la enseñanza del Derecho, permite ofrecer una retroalimentación específica, frecuente y orientada a la acción sobre la correcta identificación de conceptos o figuras jurídicas romanas clave.

FIGURA 8. Estrategias de apoyo

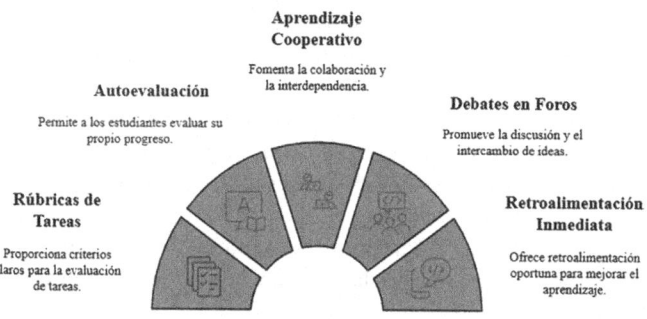

Fuente: Elaboración propia.

La última directriz dentro de este principio hace referencia a las opciones de diseño para la capacidad emocional. Implica desarrollar explícitamente las habilidades de autorregulación y la capacidad emocional, que son parte de las funciones ejecutivas necesarias para planificar, establecer metas y monitorizar la conducta compleja.

En primer lugar, se busca apoyar al alumnado a lidiar con la frustración y la ansiedad, integrando opciones para que encuentren inspiración y desarrollen confianza en sí mismos. Para ello, se pueden ofrecer mensajes de apoyo y/o motivacionales a través del campus virtual, o bien incorporar herramientas de seguimiento de procesos con hitos claros y pequeñas recompensas.

Por otro lado, para desarrollar la conciencia de sí mismo y de los demás, debemos proporcionarles oportunidades para que puedan procesar sus emociones y reflexionar sobre sus fortalezas y desafíos. Esto incluye el uso de modelos y retroalimentación para desarrollar la conciencia social y la capacidad de entender las perspectivas de otros, especialmente de diferentes antecedentes y culturas. Para ello podemos plantear la realización de casos simulados asumiendo roles de diferentes actores sociales para el fomento de la empatía y la comprensión de las desigualdades sociales de la época. Las simulaciones permiten usar situaciones de la vida real o simuladas para demostrar habilidades de respuesta, y la reflexión crítica facilita el procesamiento emocional y la identificación de fortalezas.

Asimismo, se debe cultivar la metacognición. Es fundamental guiar al alumnado para que reconozca el progreso individual o colectivo, utilizando modelos y andamios de autoevaluación (como gráficos de progreso, plantillas o protocolos de reflexión). Para ello, se propone la realización de diarios de aprendizaje o porfolios digitales para la documentación del progreso y reflexión individual.

Por último, se debe fomentar la empatía con personas de diversos orígenes y promover la escucha activa de diferentes perspectivas. Se deben incorporan diversas dinámicas orientadas al desarrollo personal y social del alumnado. Entre ellas, destacan los ejercicios de justicia restaurativa, que favorecen la reparación de vínculos y la resolución dialogada de conflictos, así como los círculos de conversación, espacios destinados a compartir emociones y experiencias de aprendizaje, fomentando la escucha activa y el cuidado mutuo. Asimismo, la simulación de juicios mediante *role playing* permite adoptar distintos roles procesales, reflexionar críticamente sobre la actuación propia y comprender las perspectivas ajenas, fortaleciendo así la conciencia social y la sensibilidad hacia el otro.

FIGURA 9. **Estrategias que favorecen la función ejecutiva**

Estrategias de Función Ejecutiva

Fuente: Elaboración propia.

B) Propuestas metodológicas que favorecen la representación

Como anunciamos en líneas precedentes, este principio plantea un postulado pedagógico fundamental, basado en la necesidad de que la información sea perceptible, comprensible y accesible para todo el alumnado. Ello exige un compromiso con la flexibilidad, reconociendo que la presentación de contenidos de una única forma no sólo genera barreras, sino que dificulta el aprendizaje, provocando en muchos casos la desmotivación y el abandono. Es por ello por lo que, para cumplir con los objetivos de las diversas pautas y directrices, y para reflejar la diversidad de perspectivas, en el desarrollo de nuestra docencia hemos implementado diversos modelos pedagógicos que proporcionan múltiples formas de representación, como las experiencias de inmersión digital, el *visual thinking* o el *flipped classroom* ya explorados en el ámbito universitario. Estas propuestas y muchas otras, aseguran que la información (fuentes jurídicas y literarias históricas, conceptos, casuística jurisprudencial) no se presenten de una forma única y rígida, lo cual constituye una barrera para muchos, sino a través de múltiples representaciones y perspectivas auténticas.

De acuerdo con la estructura organizativa horizontal de las pautas DUA 3.0, que persigue el desarrollo progresivo de la autonomía y el conocimiento del estudiante, las metodologías de representación pueden ser categorizadas en función de su objetivo de apoyo:

1. Acceso: Concentrado en eliminar las barreras perceptuales mediante la presentación de información a través de distintas modalidades (visión, audición, tacto) y formatos ajustables, asegurando que el contenido clave sea perceptible para todo el alumnado, abordando barreras sensoriales y de presentación.

Por lo que respecta a la personalización en la presentación de materiales, resulta esencial para garantizar la accesibilidad y la comprensión no sólo de los contenidos sino también de las fuentes jurídicas originales. Se recomienda, el uso de formatos digitales flexibles que permitan al estudiantado ajustar parámetros como el tamaño de la fuente, el contraste, la velocidad cuando se trata de archivos visuales o sonoros o los subtítulos, favoreciendo de esta manera la adaptación del material a las necesidades perceptivas y cognitivas individuales y la interacción con la documentación histórica y con las fuentes jurídicas presentadas tradicionalmente en formatos poco accesibles.

Asimismo, consideramos conveniente la incorporación de alternativas auditivas y visuales que acompañen o reemplacen el texto como son las grabaciones en audio o los podcasts[36], la pre-

---

36. ASENSIO-MARTÍNEZ, Á., AGUILAR-LATORRE, A., OLIVÁN-BLÁZQUEZ, B., FERNÁNDEZ-DEL-RÍO, E., SAMPER-PARDO, M., BARTOLOMÉ, C. (2024). Creating educational podcasts as an expository methodology for active learning and its relationship with satisfaction: A comparative study with live oral presentations. *Innovations in*

sentación de materiales en videos con subtítulos o con posibilidad de transcripción, o las experiencias de realidad virtual inmersiva o videos 360°[37] que simulen casuísticas, situaciones o entornos. Así, a modo de ejemplo y para reforzar contenidos complejos se puede optar por la realización de píldoras educativas breves o explicaciones guiadas de textos o fragmentos de pasajes de fuentes jurídicas latinas, u optar por la realización de representaciones espaciales interactivas como las que nos ofrece la realidad virtual ya que facilitan la comprensión de contextos históricos o estructuras legales clásicas, favoreciendo una experiencia de aprendizaje multisensorial y significativa.

Finalmente, se debe asegurar que los materiales propuestos en consonancia con el proyecto docente de la asignatura y los ejemplos reflejen una diversidad de personas, culturas, identidades y perspectivas, fomentando un sentido de validación y pertenencia, siendo consciente de la diversidad del periodo histórico objeto de estudio y cómo el derecho podía afectar a diferentes grupos sociales o culturales. Esta aproximación favorece que el alumnado comprenda la pluralidad jurídica y social del Imperio, al tiempo que desarrolla una mirada crítica sobre la evolución histórica de los derechos y las estructuras sociales. Ello incluye, por ejemplo, el análisis de la posición jurídica de la mujer, tradicionalmente excluida de la vida pública, la condición del esclavo como objeto jurídico a pesar de su naturaleza humana, o los amplios poderes del *paterfamilias* sobre la mujer y los hijos. La reflexión sobre estos supuestos permite establecer paralelismos y contrastes con el Derecho contemporáneo, abordando la evolución de conceptos como la *patria potestad*

Education and Teaching International, Vol. 62, n° 3, pp. 896—908, ZAMORA MANZANO, J. L.-ORTEGA GONZÁLEZ, T. Y. Creación de objetos de aprendizaje a través del podcast con Anchor en *Innovaciones tecnológicas para la enseñanza superior: contribuciones y resultados,* Zaragoza, 2023, pp. 263-271.
37. ZAMORA MANZANO, J. L.-ORTEGA GONZÁLEZ, T. Y. Enriqueciendo la enseñanza-aprendizaje del Derecho: Explorando nuevos desafíos con video 360°, en *Nuevas tendencias interdisciplinares en educación y conocimiento* (CHINER, E.- SÁNCHEZ, I. ed.) Valencia, 2024, Tirant Lo Blanch, pp. 645-655

hacia las actuales obligaciones parentales y los principios de igualdad y dignidad humana.

FIGURA 10. Estrategias que favorecen el acceso

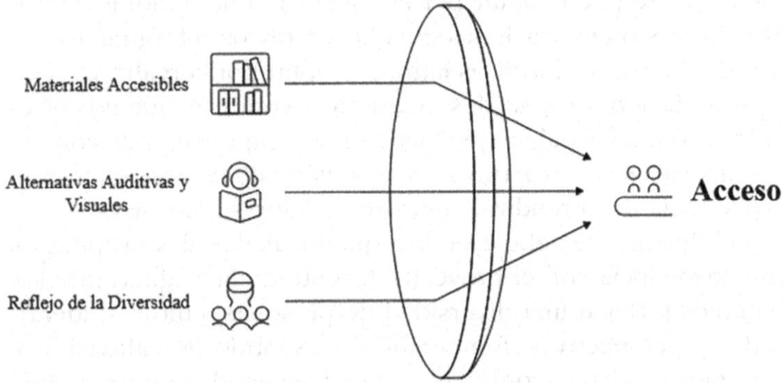

Fuente: Elaboración propia.

2. Apoyo: Enfocado en proporcionar guías y herramientas para la comprensión del lenguaje y los símbolos (incluyendo jerga técnica o estructuras sintácticas complejas), fundamental para el estudio de una disciplina histórica como es el Derecho Romano.

Como bien sabemos, el lenguaje jurídico especialmente el de las asignaturas que impartimos, puede ser complejo, es por ello que se debe dotar de herramientas y recursos que permitan clarificar la terminología o los conceptos ofreciendo definiciones claras o relacionando dichos términos con la concepción actual de la institución, de la expresión o de la problemática. Para ello, proponemos la realización de un glosario como actividad colaborativa y cooperativa de los estudiantes para su uso compartido, o bien acompañar el material docente con un glosario de fuentes y definiciones que pueden ir acompañadas de imágenes o ejemplos. También podemos utilizar chatbots[38] programando

---

38. ZAMORA MANZANO, J.L., BELLO RODRIGUEZ, S., ORTEGA GONZALEZ, T.Y, MARTÍN PACIENTE, M. Los chatbots como herramienta de apoyo a la enseñanza: Una ex-

no sólo para que ofrezca definiciones conceptuales o terminológicas, sino también como asistente creando un apartado en el campus virtual denominado preguntas frecuentes o FAQ. Por otro lado, se pueden ofrecer estructuras alternativas y esquemas sencillos para desglosar la sintaxis compleja de las fuentes jurídicas. El *visual thinking* o pensamiento visual puede ayudar a organizar y representar gráficamente los pensamientos, conceptos y contenidos como el origen de instituciones jurídicas o la estructura de un contrato romano.

Esta pauta también invita a identificar y abordar los sesgos en el uso del lenguaje y los símbolos, promoviendo la conciencia de cómo estos pueden reproducir prejuicios o crear jerarquías sociales. En consecuencia, se enfatiza la importancia de fomentar un lenguaje inclusivo, respetuoso y crítico. Para ello, proponemos el análisis y estudio de textos y fuentes legales romanas donde se analiza el lenguaje y el tratamiento a determinados colectivos. Ejemplos significativos son el tratamiento de la *pudicitia* como virtud femenina vinculada al control moral de la mujer, la consideración del esclavo como *res* en el marco del derecho de propiedad, o la caracterización del *concubinatus* como una unión socialmente inferior al matrimonio. Este ejercicio permite el reconocimiento de sesgos históricos y reflexionar sobre la necesidad de un discurso jurídico actual inclusivo, equitativo y libre de estereotipos.

---

periencia en el ámbito jurídico, en *Tecnologías educativas y estrategias* didácticas / coord. por Enrique Sánchez Rivas, Ernesto Colomo Magaña, Julio Ruiz Palmero, José Sánchez Rodríguez, 2020, pp. 682-692. Vid. de los mismos autores, La inteligencia artificial aplicada al proceso de enseñanza aprendizaje en el derecho: Teachbot y aprendizaje adaptativo. en *La tecnología como eje del cambio metodológico* / coord. por Ernesto Colomo Magaña, Enrique Sánchez Rivas, Julio Ruiz Palmero, José Sánchez Rodríguez, Málaga, 2020, pp360-362. Vid. ejemplo del chatbot creado para la asignatura en https://landbot.online/v3/H-1654894-YU60FQZWML75RCO2/index.html

FIGURA 11. Estrategias para fomentar el apoyo

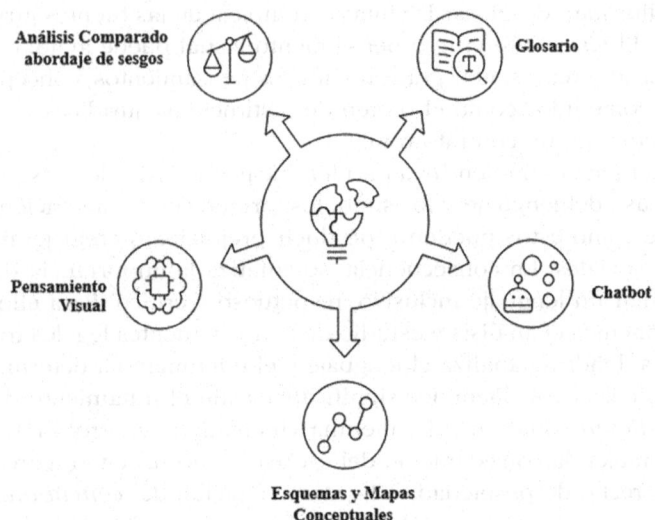

Fuente: Elaboración propia.

3. Función Ejecutiva: Orientado a la construcción profunda y transferible del conocimiento, fomentando habilidades de procesamiento cognitivo de alto nivel, lo que lleva a la capacidad de construir significado de forma individual y colectiva, y a distinguir lo fundamental de lo irrelevante en el aprendizaje.

En el ámbito del Derecho, este enfoque resulta fundamental para que los estudiantes puedan aplicar los principios del Derecho romano a contextos jurídicos contemporáneos o sencillamente comprobar la influencia en la configuración de los ordenamientos jurídicos actuales o en el desarrollo de la mayoría de las instituciones jurídicas vigentes. De esta manera se ayuda a los estudiantes a aplicar lo aprendido a nuevos contextos y situaciones, facilitando la recuperación de información y la aplicación de estrategias.

Resulta pertinente por tanto activar los conocimientos previos que los estudiantes ya poseen y establecer conexiones explícitas entre el Derecho Romano, los sistemas jurídicos actuales o la propia experiencia jurídica del alumno. Para ello, pueden emplearse organizadores avanzados y estrategias de andamiaje que faciliten la relación entre los contenidos romanísticos y las materias de Derecho civil, mercantil, penal, entre otras, favoreciendo una comprensión integrada y coherente del ordenamiento jurídico.

Asimismo, es recomendable plantear casos prácticos basados en problemáticas contemporáneas, en los que los estudiantes deban identificar principios, instituciones o soluciones propias del Derecho romano que puedan resultar aplicables o comparables. Este tipo de actividades permite al alumnado comprender la vigencia conceptual del Derecho romano y su influencia en la estructura de los sistemas jurídicos modernos.

De igual modo, la realización de ejercicios de Derecho comparado, orientados a reconocer las concordancias y divergencias entre la disciplina objeto de estudio y los ordenamientos actuales, contribuye a profundizar en la comprensión de la evolución jurídica y a promover un aprendizaje más significativo y reflexivo, en el que se evidencie la continuidad histórica del pensamiento jurídico.

FIGURA 12. Estrategias que favorecen la función ejecutiva

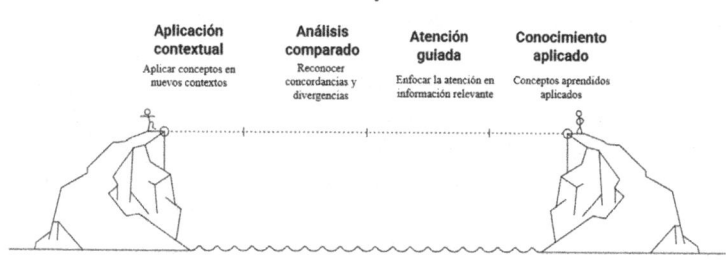

Fuente: Elaboración propia.

También, dentro de esta función ejecutiva, se debe guiar la atención de los estudiantes hacia la información más relevante ayudándoles a distinguir lo crítico de lo irrelevante. Esto se puede conseguir como apuntamos antes con píldoras educativas o podcast que refuercen los contenidos, con la creación de mapas mentales o conceptuales que resalten las ideas centrales, o bien servir como facilitadores aportando la información y los aspectos más importantes y que sean ellos los creadores de recursos (podcast, storytelling, actividades de gamificación, entre otros).

C) Propuestas metodológicas que contribuyen a fomentar la acción y la expresión

Este principio se centra en el cómo aprendemos y está ligado con las redes estratégicas, las que usamos para planificar, organizar o ejecutar tareas o expresar lo que sabemos, y en este sentido el DUA lo que persigue es asegurar que las metodologías y la evaluación no impongan barreras inadvertidas al alumnado. Este principio se centra en la imperiosa necesidad de diversificar las vías por las cuales el estudiante interactúa con el material, aborda el proceso de aprendizaje y demuestra su conocimiento jurídico. Así, como docentes, debemos favorecer el acceso a los materiales de trabajo, es decir, que todo el alumnado pueda físicamente interactuar y navegar por los contenidos jurídicos y el entorno de aprendizaje, y permitir que puedan expresar lo que saben de diversas formas, por ejemplo, no sólo de la manera tradicional con un examen escrito, sino empleando otras modalidades o herramientas.

Para su implementación efectiva en el aula, creemos que el docente, apoyándose en las pautas y directrices propias de este principio, debe enfocarse en tres ejes estratégicos:

1. **Optimizar la Interacción y la Navegación:** Es fundamental garantizar la accesibilidad total a los materiales de estudio y trabajo. Esto implica diseñar entornos de aprendizaje (físicos y virtuales) que sean flexibles en cuanto a la navegación y la respuesta. El docente debe asegurar que los materiales complementarios que se ofrecen en el aula o a través de la plataforma virtual sean plenamente compatibles con tecnologías de asistencia, permitiendo que el alumnado con diversas capacidades físicas o

cognitivas acceda sin fisuras al contenido. A modo de ejemplo, si se facilita un documento pdf o un texto escaneado, el estudiante no va a poder seleccionarlo o utilizar un lector de pantalla o un software de reconocimiento de voz para la lectura. En este supuesto, la solución que debe ofrecer el docente no es pedagógica, sino técnica: garantizar que el texto se pueda editar o que esté en formato OCR. Por otro lado, si lo que se propone es un debate grupal sobre el análisis de un supuesto práctico, se puede organizar el aula en asamblea o en forma de U para favorecer la interacción social, la comunicación fluida y la participación activa. En definitiva, nuestro objetivo debe ser garantizar la igualdad de oportunidades en el acceso, permitiendo que el foco de aprendizaje en Derecho se mantenga en el rigor del análisis jurídico, y no en la superación de obstáculos instrumentales.

FIGURA 13. Estrategias que favorecen el acceso

Acceso

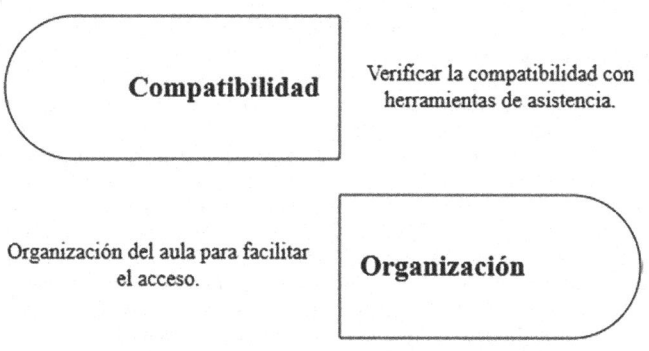

Compatibilidad — Verificar la compatibilidad con herramientas de asistencia.

Organización del aula para facilitar el acceso. — Organización

Fuente: Elaboración propia.

2. **Diversificar la Expresión y la Comunicación Jurídica**: La práctica del Derecho requiere el desarrollo de una amplia gama de habilidades comunicativas y expresivas. Por ello, la docencia debe acoger y valorar múltiples modalidades de expre-

sión y comunicación más allá del tradicional ensayo o examen escrito. Se debe fomentar y evaluar la expresión del conocimiento jurídico a través de diversos medios, siendo la tecnología un recurso imprescindible ya que es el medio que permite al alumnado componer, construir y ser creativo con la mayor flexibilidad posible. A modo de ejemplo, en la asignatura optativa que se imparte en el segundo semestre del segundo curso del Grado en Derecho, se les prepara para la presentación de un trabajo propuesto por el equipo docente, compuesto de cinco partes donde se les otorga plena libertad para resolver uno de los apartados empleando necesariamente tecnología (podían presentar un podcast colaborativo, infografía interactiva, videos, simulación, cualquier medio excepto el tradicional).

Además, se busca desarrollar la fluidez de las habilidades a través de un apoyo gradual, promoviendo la práctica deliberada[39]

---

39. RODRIGUEZ BARBERO, A.G., Et. al. El uso de la práctica deliberada virtual mediante Branching Scenarios para la mejora de las habilidades terapéuticas en Psicología (Proyecto Sócrates), en Actas de las IV Jornadas InnovaUDIMA con Tecnología Educativa organizadas por la Universidad a Distancia de Madrid, Madrid, 2022, pp. 22-28. La práctica deliberada se refiere a un proceso de aprendizaje estructurado y consciente orientado al perfeccionamiento progresivo del desempeño. A diferencia de la repetición mecánica, implica la realización de tareas con objetivos específicos de mejora, el uso de retroalimentación inmediata y continua, y la reflexión sobre los errores para ajustar estrategias y consolidar habilidades. Este tipo de práctica exige un esfuerzo cognitivo sostenido, concentración y autorregulación, situando al aprendiz en un nivel de desafío ligeramente superior a su dominio actual. Su finalidad es optimizar la competencia profesional mediante el desarrollo de la precisión, la automatización y la comprensión profunda de los procesos implicados en la tarea. En el contexto educativo, la práctica deliberada favorece la adquisición de experiencia y la autonomía en el aprendizaje, al promover una mejora continua basada en la autoevaluación y la retroalimentación formativa. En la formación jurídica, un ejemplo de práctica deliberada sería el análisis sistemático de casos jurisprudenciales en el que el estudiante, bajo la guía del docente, identifica los fundamentos normativos, construye argumentos jurídicos y recibe retroalimentación sobre la solidez, coherencia y pertinencia de su razonamiento. Posteriormente, revisa su desempeño y reformula sus argumentos para mejorar la precisión conceptual y argumentativa. Este proceso, repetido de forma consciente y con objetivos específicos de mejora, promueve el desarrollo de la competencia analítica y argumentativa propias del ejercicio profesional del Derecho.

que exige concentración y persistencia para la consecución de los objetivos y metas marcadas. Por ejemplo, durante las primeras semanas, el desarrollo de las prácticas se inicia con el máximo soporte, donde los supuestos prácticos incluyen preguntas específicas que orientan al alumnado sobre la normativa aplicable, la problemática jurídica central y la estructura del razonamiento exigido. A medida que avanza el curso y la competencia del alumnado, el docente retira sistemáticamente estos soportes. Las preguntas orientadoras se vuelven más generales, luego se convierten en simples indicaciones («*identifique la norma aplicable*») hasta que desaparecen. Finalmente, se ofrece el supuesto práctico únicamente, exigiendo al estudiante que realice todo el proceso (identificación del problema, búsqueda de la norma, construcción de la solución) de forma autónoma.

FIGURA 14. Estrategias para el apoyo

Apoyo

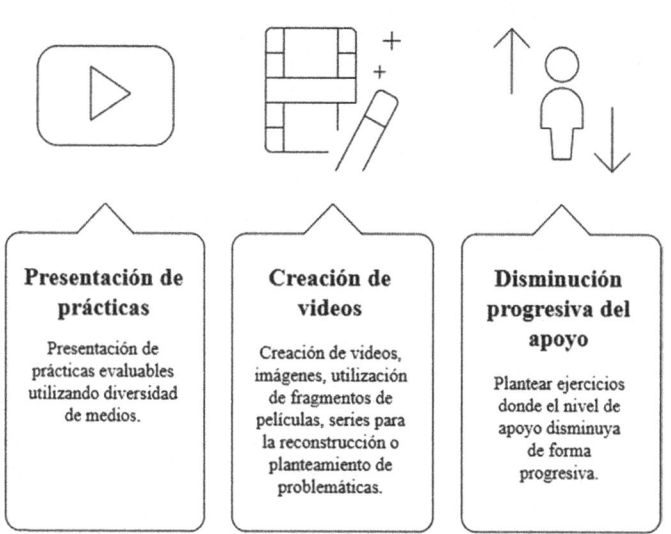

Presentación de prácticas	Creación de videos	Disminución progresiva del apoyo
Presentación de prácticas evaluables utilizando diversidad de medios.	Creación de videos, imágenes, utilización de fragmentos de películas, series para la reconstrucción o planteamiento de problemáticas.	Plantear ejercicios donde el nivel de apoyo disminuya de forma progresiva.

Fuente: Elaboración propia.

3. **Andamiaje de las Funciones Estratégicas y Ejecutivas:**
Un componente crítico en la formación del jurista es el desarrollo de la capacidad para establecer objetivos, planificar estrategias y monitorear el progreso, lo que se conoce como funciones ejecutivas. El docente debe proporcionar apoyos explícitos para que el alumnado se convierta en un profesional autónomo y estratégico capaz de gestionar tareas o problemáticas complejas, lo que el DUA define como andamiajes o apoyos graduales. El docente se presenta como un entrenador de estrategias jurídicas, enseñando cómo se resuelven los problemas (el proceso) y no sólo los contenidos teóricos. Esto implica que el aprendizaje debe ser intencionalmente diseñado para enseñar al alumnado cómo planificar, organizar y autorregularse durante el proceso.

Esto se logra mediante la guía explícita para el establecimiento de metas significativas, el apoyo para la planificación y anticipación de desafíos, la facilitación de la organización de la información y recursos, y la mejora de la capacidad para monitorear el progreso a través de retroalimentación formativa.

Así, a modo de ejemplo, cuando el estudiante se enfrenta al desarrollo del Trabajo de Final de Grado, el docente debe guiar estableciendo metas a corto y largo plazo, estableciendo fases o reuniones de seguimiento con objetivos marcados previamente:

— **Fase 1:** (Delimitación): Establecer y acotar el tema, delimitar el marco normativo aplicable. El docente indica la normativa o legislación aplicable y apoya con bibliografía sobre la materia de que se trate.
— **Fase 2:** (Investigación): Realizar la revisión bibliográfica sistemática y la búsqueda de jurisprudencia relevante.
— **Fase 3** (Redacción): Desarrollar la argumentación principal del primer capítulo.

Esta aproximación transforma un desafío abrumador en una hoja de ruta con prioridades, secuencias y cronogramas claros, permitiendo al estudiante ejercer control sobre su propio proceso y reducir la carga cognitiva asociada a la gestión de tareas complejas.

FIGURA 15. Estrategias que favorecen la función ejecutiva

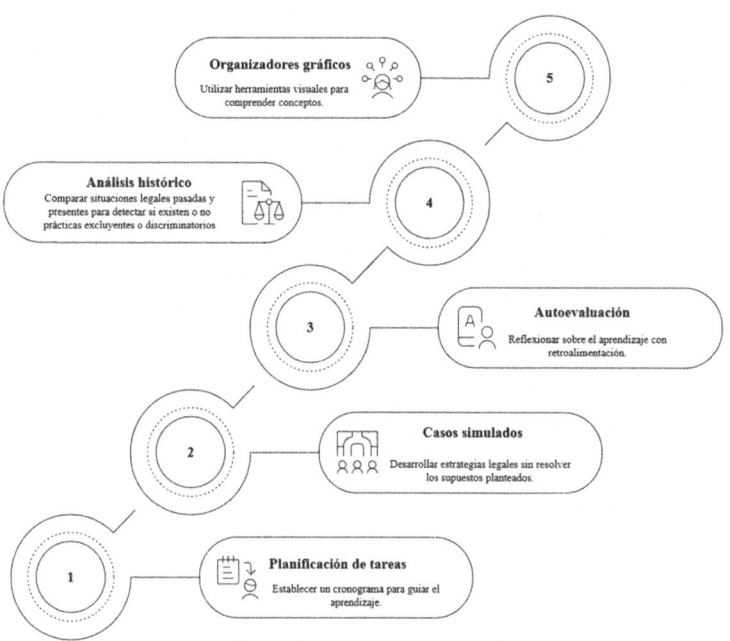

Fuente: Elaboración propia.

6. VENTAJAS DEL DUA EN EL AULA UNIVERSITARIA DE DERECHO

La enseñanza universitaria actual, enmarcada en el compromiso con una educación inclusiva, equitativa y de calidad según la Agenda 2030 (Objetivo 4) y respaldada por la Ley Orgánica 2/2023 del Sistema Universitario (LOSU) que garantiza la accesibilidad universal y la no discriminación, se enfrenta a diversos desafíos estructurales que afectan directamente a la calidad, la equidad y la eficacia del aprendizaje. Específicamente, en la docencia del Derecho Romano en las aulas de la Facultad de Ciencias Jurídicas de la ULPGC, identificamos tres aspectos cruciales: la heterogeneidad del alumnado, la masificación de las aulas y el modelo de aprendizaje autónomo y por competencias propuesto por el Espacio Europeo de Educación Superior (EEES). En este escenario, el Diseño Universal para el Aprendizaje (DUA), especialmente en su reciente versión 3.0, ofrece una respuesta pedagógica coherente, eficaz y adaptada a las necesidades de la universidad contemporánea, ya que promueve entornos de aprendizaje inclusivos, accesibles y desafiantes, con el objetivo de fomentar la autogestión del alumnado. El DUA no solo facilita el acceso al aprendizaje, sino que también promueve una cultura educativa basada en la equidad y el enriquecimiento desde la diversidad.

En ese sentido, la aplicación del enfoque provoca mejoras o avances en los siguientes aspectos:

FIGURA 16. Ventajas del DUA en el aula universitaria

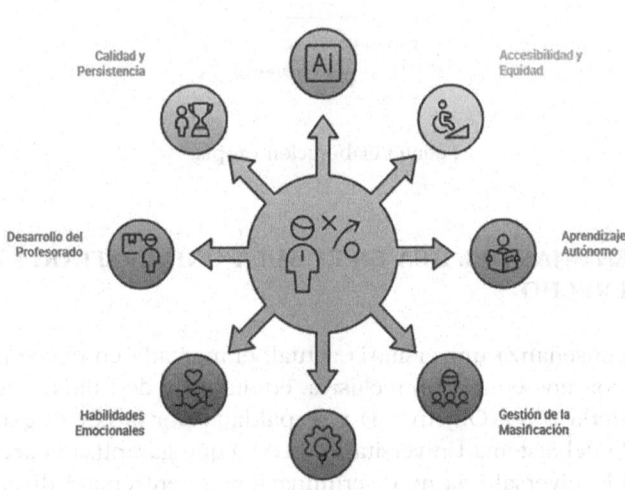

Fuente: Elaboración propia.

A) Atención a la heterogeneidad del alumnado

Las aulas universitarias, especialmente en grados como Derecho, acogen hoy perfiles muy diversos: estudiantes de distintas trayectorias educativas, niveles socioeconómicos, realidades culturales y estilos de aprendizaje. A esto se suma la presencia creciente de alumnado con necesidades específicas de apoyo educativo, dificultades de aprendizaje no diagnosticadas, o procedente de contextos no jurídicos. El DUA busca cambiar el diseño del entorno en lugar de centrar el problema en un déficit percibido por el alumno.

El DUA permite diseñar actividades, recursos y evaluaciones que contemplan esta diversidad desde el inicio, sin recurrir a adaptaciones posteriores, distanciándose de los modelos educativos que promueven la homogeneización o el concepto de estudiante promedio. La posibilidad de ofrecer múltiples formas de acceder al contenido (visual, textual, auditivo) y diversas vías de expresión (oral, escrita, gráfica, digital), permite personalizar el aprendizaje sin individualizarlo y asegura una mayor participación y comprensión por parte de todo el alumnado, sin perder el rigor propio del estudio del Derecho y de la disciplina que se trate.

B) Mejora de la accesibilidad y equidad sin renunciar al nivel académico

Una ventaja fundamental del DUA es que no rebaja el contenido, sino que optimiza su presentación y acceso. En el ámbito jurídico, esto es especialmente útil en asignaturas con alto contenido teórico y conceptual, como el Derecho Romano, donde los textos originales pueden ofrecerse con apoyos visuales, traducciones, glosarios latinos, esquemas narrativos o vídeos interpretativos, sin eliminar el contenido original.

De este modo, se consigue una enseñanza jurídica más inclusiva, sin sacrificar la profundidad ni el carácter crítico que exige una formación universitaria en Derecho.

El modelo DUA respalda la mejora de la accesibilidad y la equidad al concebir y diseñar servicios y productos educativos para ser comprensibles, utilizables y practicables por todas las personas de la forma más autónoma y natural posible. Esto se logra asegurando que la información clave sea igualmente perceptible para todo el alumnado mediante diferentes modalidades (como la visión, audición o el tacto), y en formatos que permitan la personalización por parte del usuario (como el tamaño de la fuente o el contraste de colores).

C) Promoción del aprendizaje autónomo y significativo

El modelo del EEES exige al alumnado una mayor autonomía, pensamiento crítico y capacidad de autoorganización. Una de las principales fortalezas del DUA radica en su capacidad de adaptación y flexibilidad ante la diversidad de estilos, necesidades y preferencias del alumnado. Al ofrecer diversas opciones y permitir ajustes individualizados durante el proceso de enseñanza-aprendizaje, este enfoque pedagógico facilita que cada estudiante seleccione los métodos y herramientas que mejor se ajusten con su forma de aprender y nivel de competencia. Esto contribuye a una mayor implicación y motivación por parte del estudiante. Además, su énfasis en la participación activa y en la construcción del conocimiento fomenta un aprendizaje más profundo y significativo. A través de actividades interactivas, dinámicas colaborativas y ejercicios de pensamiento crítico, se estimula el desarrollo de habilidades cognitivas de orden superior, preparando al alumnado para afrontar con mayor autonomía y eficacia los retos del entorno actual.

Esto permite que el estudiantado asuma el control de su proceso de aprendizaje, adapte los recursos a su ritmo y construya significados jurídicos profundos, favoreciendo la transferencia de conocimientos a situaciones reales y complejas.

D) Gestión de la masificación y mejora de la participación

La masificación, especialmente en los cursos introductorios como Derecho Romano, dificulta la atención personalizada y la interacción directa con el alumnado. El enfoque DUA es esencial para la gestión educativa ya que promueve la interdependencia y el aprendizaje colectivo. Al mismo tiempo, facilita el diseño de recursos autorregulados y materiales autónomos adaptativos, lo que permite la accesibilidad en cualquier lugar y momento y garantizar el seguimiento de los contenidos incluso en grupos amplios. La participación se mejora al crear una cultura de aprendizaje acogedora y de apoyo, donde se fomenta la colaboración y la comunicación, se da por sentada la competencia del alumnado y se fomenta la creencia en sus capacidades

Asimismo, estrategias como la gamificación, el trabajo por retos jurídicos o la evaluación diferenciada pueden implementarse sin necesidad de segmentación por niveles, promoviendo una implicación activa incluso en contextos masivos.

E) Potenciación del aprendizaje con la sinergia DUA-Inteligencia Artificial

La combinación del Diseño Universal para el Aprendizaje (DUA) y la Inteligencia Artificial (IA) ofrece poderosas oportunidades para mejorar la educación, haciendo el aprendizaje más accesible, inclusivo y personalizado. La IA, cuando se diseña e implementa bajo los principios del DUA, permite diseñar experiencias y herramientas que apoyan a todos los estudiantes desde el principio, evitando la necesidad de soluciones tardías.

Las ventajas clave de esta sinergia incluyen:

— Expansión de oportunidades de aprendizaje personalizado: El DUA ya profundiza las habilidades de los educadores para hacer el aprendizaje accesible y fomentar la autonomía del estudiante. La IA puede expandir aún más estas oportunidades al ofrecer apoyo personalizado y adaptado a las necesidades individuales.

— Reducción de la carga cognitiva: Una de las fronteras más emocionantes para la IA en el aprendizaje es su capacidad para reducir la carga cognitiva, funcionando como una «inteligencia asistida» que ayuda a los individuos a comprender y procesar la información más rápidamente.

— Acceso más fácil y compromiso más profundo: Al incorporar tanto la IA como el DUA, las herramientas pueden facilitar un acceso más sencillo al contenido y desbloquear un compromiso más profundo por parte del alumnado.

— Diseño inclusivo desde el origen: La co-creación de herramientas de IA con diversas voces de aprendices, incluidos estudiantes con discapacidad y multilingües, aplicando los principios DUA desde el inicio, reduce barreras y garantiza la accesibilidad para todos.

— Transformación de la demostración de conocimientos: Las herramientas de IA diseñadas con principios DUA pueden transformar cómo los estudiantes demuestran sus conocimientos y habilidades.

F) Desarrollo de habilidades emocionales y sociales esenciales

La educación inclusiva, base filosófica del DUA, no solo se enfoca en el acceso al currículo, sino en los beneficios sociales y personales que genera. El DUA aborda de manera explícita la dimensión afectiva y emocional del aprendizaje.

El DUA reconoce que el aprendizaje jurídico no es solo un proceso cognitivo, sino también emocional. En Derecho, la toma de decisiones, la argumentación y la interpretación normativa están profundamente influenciadas por factores emocionales y éticos. El DUA 3.0, al potenciar la capacidad emocional, ayuda a los estudiantes de Derecho a:

— Reconocer y gestionar sus emociones ante dilemas jurídicos complejos.

— Desarrollar empatía, fundamental para comprender las realidades de las personas afectadas por las normas y sentencias.

— Mejorar la toma de decisiones jurídicas, considerando no solo la lógica normativa sino también el impacto humano (por ejemplo, en mediación, justicia restaurativa o derecho penal).

Al mismo tiempo, este enfoque fomenta un entorno donde todos los estudiantes, independientemente de sus capacidades o antecedentes, se sienten valorados y capaces de participar activamente. En nuestro contexto, esto se traduce en:

— Promover la participación de estudiantes con diferentes estilos de aprendizaje y orígenes culturales, enriqueciendo el debate jurídico. El trabajo en equipo, la resolución colectiva de casos y prácticas reflejan la realidad del ejercicio profesional donde la colaboración es clave.
— Fomentar el sentido de pertenencia, clave para que los estudiantes se atrevan a exponer argumentos, cuestionar normas y participar en simulaciones de juicios o debates.

Finalmente, creemos que la educación inclusiva que proponemos potencia habilidades sociales y personales esenciales para el estudio y posterior ejercicio profesional del Derecho. Entre ellas destacan la empatía y conducta prosocial, competencias imprescindibles para la abogacía, la mediación o la atención a víctimas. Además, el reconocimiento de la diversidad con carácter genérico no sólo prepara a los estudiantes para desenvolverse en un entorno legal plural y dinámico, donde la inclusión y la igualdad son principios nucleares, sino que también fortalece la confianza de los futuros juristas en sus capacidades, más allá de la memorización de las normas

G) Beneficio directo en la formación y práctica del profesorado

A pesar de los avances normativos y de la evidencia sobre la aplicación del modelo, la experiencia demuestra que persisten importantes desafíos en la formación y en el compromiso del profesorado universitario, especialmente en el ámbito jurídico. En la práctica se observa una carencia significativa en la formación específica en metodologías inclusivas con carácter general. Esta falta de capacitación limita la actividad docente para diseñar experiencias de aprendizajes accesibles y verdaderamente adaptadas a la diversidad del estudiantado. A ello se suma una cierta resistencia al cambio, motivada quizás por la inercia de las prácticas docentes tradicionales y por la rigidez del diseño de los proyectos que atienden a la transmisión de los contenidos jurídicos que correspondan. Sin embargo, en un contexto jurídico cada vez más plural y exigente consideramos que este enfoque debe dejar de considerarse como una opción de aplicación voluntaria y pasar a considerarse como un requisito indispensable para el ejercicio de la docencia universitaria.

Solo así será posible garantizar una educación jurídica de calidad, equitativa y alineada con los principios de inclusión y diversidad exigidos por la propia sociedad y la normativa vigente. Por tanto, es fundamental que las universidades y las facultades de Derecho asuman el compromiso de impulsar la formación y el desarrollo profesional de su profesorado apoyándose en las pautas y principios del DUA, promoviendo con ello una verdadera transformación educativa.

H) Fomento de la calidad, el esfuerzo y la persistencia

Otro de los beneficios claves en las aulas universitarias en Derecho es el fomento de la calidad, el esfuerzo y la persistencia en el aprendizaje, vinculando el compromiso con el desarrollo de una mentalidad orientada al esfuerzo y al logro (*growth mindset*). Esta perspectiva pedagógica parte de la idea de que las capacidades personales no son estáticas, sino que pueden desarrollarse a través del compromiso, la práctica deliberada y la perseverancia.

El DUA promueve activamente esta cultura del esfuerzo, orientando el diseño curricular hacia la creación de entornos que favorezcan la motivación intrínseca y el logro personal. En el ámbito jurídico, donde el estudio exige una alta capacidad de análisis, razonamiento crítico y comprensión normativa, resulta especialmente relevante fomentar en el alumnado la autogestión estratégica. Esta implica la capacidad de regular sus propios procesos afectivos, cognitivos y conductuales, lo que les permite convertirse en aprendices autónomos, decididos y orientados a metas concretas.

Asimismo, el DUA destaca la importancia de la retroalimentación como herramienta para sostener el esfuerzo y mejorar el rendimiento académico. En lugar de centrarse en la evaluación comparativa o competitiva, se promueve un *feedback* orientado a la acción, frecuente, específico y oportuno, que refuerza el proceso de mejora continua. En el contexto del Derecho, esta retroalimentación puede aplicarse en actividades como la resolución de casos prácticos, la elaboración de dictámenes jurídicos o la participación en simulaciones procesales, donde el énfasis debe ponerse en el progreso del estudiante y no únicamente en el resultado final.

¿HACIA DÓNDE VAMOS?

2. INFORME *HORIZON REPORT* Y TIC PARA EL DISEÑO UNIVERSAL DEL APRENDIZAJE

La educación superior en 2025 se encuentra en un escenario marcado por la convergencia de múltiples transformaciones globales. No se trata de una única disrupción, sino de un entramado de factores que redefinen sus cimientos: la crisis climática, la inestabilidad económica y la acelerada evolución de la fuerza laboral se combinan con el cambio en las expectativas de los estudiantes y con profundas transiciones demográficas. A ello se suma el impacto de las tecnologías emergentes, en particular la inteligencia artificial y la realidad virtual, que no solo están modificando la forma en que los estudiantes acceden e interactúan con los contenidos, sino también la manera en que concebimos la cognición, la evaluación y el reconocimiento del aprendizaje. Paralelamente, el marco político y normativo avanza en direcciones que cuestionan y transforman el papel de la educación superior en la sociedad contemporánea.

En este contexto, las instituciones y los educadores no pueden permitirse procesos de cambio graduales: la adaptación debe ser ágil, estratégica y profundamente innovadora. El *Informe Horizon 2025 sobre enseñanza y aprendizaje*[40], en adelante IHR

---

40. El Informe Horizon de EDUCAUSE es una referencia clave para anticipar el futuro de la educación superior, al identificar tecnologías emergentes, prácticas innovadoras y desafíos críticos que impactarán en la enseñanza y el aprendizaje. Más que un listado de tendencias ofrece un análisis estratégico que guía a las

2025, recoge este espíritu de transformación, ofreciendo un análisis de las tendencias emergentes, de las tecnologías y prácticas clave, y de escenarios prospectivos que servirán de guía para repensar el futuro inmediato de la educación superior.

A mayor abundamiento, como se desprende del informe en el panorama actual, encontramos tendencias tecnológicas emergentes que pueden actuar como motores del DUA si se utilizan con las sinergias adecuadas. Entre ellas destacan el uso de inteligencia artificial aplicada a la enseñanza, la formación docente en IA generativa, la consolidación de una gobernanza ética de la IA, el refuerzo de la ciberseguridad, la evolución de las prácticas pedagógicas, la alfabetización digital crítica y la integración plena de la tecnología en la enseñanza y el aprendizaje. La conjunción de estas innovaciones con los principios del DUA abre la posibilidad de construir experiencias educativas más inclusivas, accesibles y adaptadas a la diversidad del estudiantado. Ahora bien, tal y como se recoge en el informe, se plantean cuatro escenarios plausibles para el futuro de la educación superior:

— **Crecimiento:** los avances rápidos en IA y realidad virtual generan ecosistemas hiperpersonalizados, aunque con desigualdades entre instituciones.
— **Restricción**: la financiación pública ligada a controles de calidad impulsa el uso de sistemas predictivos de IA, pero con riesgos de privacidad, sesgos y brechas de recursos.
— **Colapso**: la falta de alfabetización digital crítica y la confianza ciega en contenidos generados por IA erosionan la credibilidad de las universidades como garantes del conocimiento.

---

instituciones en la toma de decisiones, fomenta la innovación y promueve el diálogo entre educadores y tecnólogos. Su edición 2025 aborda temas como inteligencia artificial, personalización del aprendizaje, analítica educativa, RA/RV, microcredenciales y accesibilidad, con el objetivo de preparar a los estudiantes para los retos del futuro laboral. Acceso al mismo en https://library.educause.edu/-/media/files/library/2025/5/2025hrteachinglearning.pdf [acceso: 04/09/2025].

— **Transformación**: la educación superior se centra en la empleabilidad y las competencias laborales, relegando las humanidades y debilitando habilidades sociales clave.

FIGURA 1. Escenarios del Informe Horizon Report 2025

Fuente: creación propia.

La inteligencia artificial puede convertirse en un instrumento poderoso para el desarrollo universal del aprendizaje si se entiende como un recurso al servicio de la inclusión y la personalización. Su valor radica en que permite adaptar los contenidos, los ritmos y las formas de evaluación a la diversidad del alumnado, ofreciendo retroalimentación inmediata y ajustada a cada necesidad. También puede generar materiales en múltiples formatos como texto, audio, video o lengua de signos, eliminando barreras de acceso y reforzando el principio de representación del DUA como hemos analizado en el primer capítulo de esta obra. Además, al proporcionar herramientas que ayudan a organizar información, planificar tareas y practicar de manera guiada, la IA impulsa el desarrollo de la autorregulación en los estudiantes[41].

No obstante, es fundamental recordar que la IA no sustituye el rol activo del estudiante ni la mediación crítica del docente. El profesorado debe situarse como diseñador de experiencias de aprendizaje y facilitador, asegurando que el uso de IA se alinee con los objetivos del DUA y contribuya a formar estudiantes reflexivos, críticos y creativos.

El uso de medios digitales es fundamental para aplicar el Diseño Universal para el Aprendizaje (DUA), gracias a su capacidad para flexibilizar y personalizar el aprendizaje. Sin embargo, su sola presencia no garantiza la atención a la diversidad. La inteligencia artificial añade un valor decisivo en el contexto universitario: permite la personalización de trayectorias (ajustando contenidos, ritmo y tareas a las necesidades individuales), automatiza la creación de recursos multimodales y accesibles (como transcripciones, resúmenes y descripciones alternativas), y ofrece analíticas predictivas y retroalimentación en tiempo real que ayudan a identificar y mitigar barreras antes de que afecten al aprendizaje. Además, según el *Informe Horizon 2025* (IHR), las herramientas de IA para la enseñanza y el aprendizaje, junto con el desarrollo profesional del profesorado en IA generativa, se posicionan entre las tecnologías clave que transformarán la educación superior en los próximos años, subrayando su potencial para enriquecer el DUA.

En este marco, resulta esencial subrayar las sinergias que se generan entre la inteligencia artificial, el Diseño Universal para el Aprendizaje y los medios digitales. No se trata de sustituir metodologías o herramientas previas, sino de articularlas de manera complementaria para potenciar la accesibilidad, la perso-

---

41. TAPIA SOSA, E., REYES PALAU, N. et al., *Inteligencia artificial y nuevas formas de aprender en la Educación Superior*. inBlue, Ecuador, 2023, p. 64, Doi:10.56168/ibl.ed.167901.

nalización y la inclusividad. Tal como destaca el IHR 2025, la verdadera innovación no radica únicamente en la incorporación de nuevas tecnologías, sino en su integración estratégica con marcos pedagógicos sólidos y con la formación del profesorado, de modo que la IA actúe como catalizador de un ecosistema universitario más flexible, escalable y adaptado a la diversidad del estudiantado.

A mayor abundamiento, el reto al que nos enfrentamos es especialmente relevante: los líderes de la educación superior advierten, según el informe *Horizon Report 2025*, que muchos graduados carecen de habilidades interpersonales y de inteligencia social, consideradas imprescindibles para un liderazgo eficaz: «*Higher education leaders are concerned that graduates lack essential interpersonal skills and social intelligence - competencies considered absolute requirements for effective leadership*».

En este escenario, la incorporación de la inteligencia artificial en sinergia con el Diseño Universal para el Aprendizaje no solo favorece la personalización y la inclusión, sino que también abre oportunidades para establecer experiencias educativas más colaborativas, críticas y centradas en el desarrollo de competencias humanas. De este modo, la IA se convierte en un aliado estratégico para responder a las demandas formativas del siglo XXI sin perder de vista la dimensión social y ética de la educación universitaria

Ahora bien, uno de los problemas centrales a los que debemos enfrentarnos, tanto docentes como discentes, es la tendencia a adoptar posturas extremas frente a la IA: la tecnofilia nos lleva a confiar de manera acrítica en sus promesas de eficiencia y automatización, mientras que la tecnofobia nos impulsa a rechazarla por completo[42]. Ambas posturas pueden erosionar habilidades cognitivas esenciales como el pensamiento crítico, la creatividad y la capacidad de resolver problemas, transfor-

---

42. Area-Moreira M. *Luces y sombras de la IA en la educación superior. Didáctica para el pensamiento crítico*. RIULL Repositorio Institucional de la Universidad de La Laguna, 2025, p. 20 ss. http://riull.ull.es/xmlui/handle/915/40470. [acceso:07/11/205]

mando la educación en un proceso mecánico, despersonalizado o limitado.

De igual modo el IHR se centra en algunas tendencias en subrayar algunos aspectos que inciden en nuestro DUA, especialmente desde el punto de vista de las tendencias sociales. Así en este punto se establece: A nivel global, continúa el énfasis en abordar las barreras y ampliar el acceso a la educación para poblaciones diversas. Por ejemplo, el último *Policy Insight* del IE-SALC de la UNESCO[43] mostró que «*el 70% de los países con un plan nacional para la educación superior han convertido la inclusión en un objetivo clave*». Además, las actualizaciones recientes de las directrices del DUA, como ya hemos analizado, han suscitado un mayor interés en la creación de entornos de aprendizaje más equitativos e inclusivos[44]. Con ello como se indica en el documento a modo de ejemplo, los entornos de aprendizaje inclusivos pueden aumentar la retención, el éxito y la participación de los estudiantes al proporcionar un acceso equitativo a los recursos de aprendizaje y aprovechar una enseñanza culturalmente receptiva, hasta el punto de lograr una implementación de soluciones de accesibilidad habilitadas por la tecnología, como herramientas digitales para estudiantes neurodivergentes, fomentando a su vez la inclusividad cultural y el acceso equitativo puede fortalecer el sentido de pertenencia de los estudiantes y crear una comunidad académica más solidaria.

---

43. Las diferencias regionales son notables: todos los países de Asia Central y casi todos en América del Norte y Europa Occidental buscan fomentar la inclusión, mientras que este objetivo es menos común en Asia Meridional y Occidental (50%) y en los Estados Árabes (25%). Vid.:https://www.iesalc.unesco.org/es/articles/nueva-nota-de-politicas-publicas-sobre-los-objetivos-de-los-paises-para-promover-la-inclusion-en-la [acceso:18/09/2025]

44. *Globally, the emphasis on addressing barriers and expanding access to education for diverse populations continues. For example, UNESCO IESALC's latest Policy Insight showed that «70% of countries with a national plan for higher education have made inclusion a key objective.» Additionally, recent updates to Universal Design for Learning (UDL) guidelines have garnered further interest in creating more equitable and inclusive learning environments.* https://library.educause.edu/-/media/files/library/2025/5/2025hrteachinglearning.pdf

En última instancia, las prácticas inspiradas en el Diseño Universal para el Aprendizaje pueden fortalecer la reputación institucional al atraer a un estudiantado y un profesorado más diverso, favoreciendo así la construcción de comunidades académicas más equitativas. No obstante, la consolidación de estos entornos inclusivos plantea desafíos considerables. La aplicación efectiva del DUA exige inversiones significativas en tecnología accesible, programas de desarrollo profesional que capaciten al profesorado en enfoques inclusivos y mejoras en la infraestructura que garanticen condiciones de aprendizaje equitativas. Estos requerimientos, lejos de ser meramente complementarios, resultan estructurales para que la inclusión sea sostenible.

En este sentido, las instituciones deben afrontar la tensión entre sus presupuestos limitados y la necesidad de asignar recursos de manera estratégica, equilibrando la innovación pedagógica con la viabilidad financiera. Apostar por el DUA implica reconocer que la accesibilidad y la equidad no son un costo añadido, sino una inversión esencial para garantizar la calidad educativa y responder a las demandas sociales de justicia y diversidad en la educación superior.

Asimismo, en este importante documento también se subrayan dos tendencias críticas para la educación superior: por un lado, el aumento de las poli crisis, marcadas por la superposición de fenómenos como la inestabilidad económica, el cambio climático y las emergencias sanitarias, que impactan directamente en las instituciones y en la trayectoria vital de los estudiantes; y, por otro, la transformación de la cognición derivada del uso intensivo de tecnologías digitales, desde los smartphones hasta la inteligencia artificial, lo que plantea la necesidad de que las universidades adapten sus estrategias pedagógicas para salvaguardar la atención, la memoria y el pensamiento crítico de su alumnado.

A nivel tecnológico el documento también subraya como la realidad virtual (RV) en la educación superior ofrece un gran potencial para crear experiencias inmersivas que permiten a los estudiantes adquirir competencias prácticas en entornos seguros y controlados, especialmente en áreas como la sanidad, la ingeniería o los oficios técnicos. Su integración curricular puede mejorar la alineación entre formación y mercado laboral, al tiempo que favorece la accesibilidad y la inclusión. Las simulaciones interactivas que posibilita la RV destacan por su capacidad de recrear situaciones complejas de forma realista y segura, consolidando su valor como herramienta educativa clave. Junto a esto, se habla de un enfoque en la democratización y la eficiencia tecnológica que, obviamente conecta de manera directa con los principios DUA.

Igualmente, la accesibilidad, la personalización y la flexibilidad que aportan las nuevas tecnologías, especialmente la IA y la analítica de datos, favorecen la creación de entornos educativos más inclusivos, capaces de responder a la diversidad de estudiantes. Por esta razón, es importante apostar por una democratización de la tecnología porque entre otras razones amplía las oportunidades de participación al garantizar que todo el estudiantado, con independencia de sus de sus capacidades, estilos de aprendizaje o contexto socioeconómico, puedan beneficiarse de los mismos recursos.

1. HACIA LA DEMOCRATIZACIÓN DE LA IA EN EL EEES: ESTRATEGIAS Y POSIBLES ESCENARIOS

Inspirándonos en el Informe Horizon, y la necesidad de conseguir la democratización[45] de la tecnología con la IA DGAT *Democratization of Generative AI Technology* podemos establecer

---

45. En este sentido es importante subrayar que, aunque existen muchas iniciativas académicas e industriales que impulsan el desarrollo de la IA generativa en educación e investigación, existe la necesidad de formar en ética y transparencia para fomentar una adopción segura y responsable de estas tecnologías Vid.PALUSZAK J.- OLIYNYCHUK O., «Democratisation of Generative Artificial Intelligence», en Education, Future Jobs and Smart Systems in the Age of Artificial Intelligence, Part B: Smart Systems and Future Employment in the Age of AI, (ed. Demetrios Lytras- Claudia Serban) Emerald, Leeds, 2025, p. 59-77. doi https://doi.org/10.1108/978-1-83708-432-620251005

cuatro aspectos clave aplicables al Espacio Europeo de Educación Superior (EEES):

— Diseñar programas de formación transversal para estudiantes, profesorado y personal administrativo que permitan comprender, evaluar y aplicar la IA de forma crítica, ética y creativa. Esto asegurará que su uso sea equitativo y no quede restringido a quienes poseen competencias técnicas avanzadas.

— Desarrollar e implementar entornos de aprendizaje basados en IA generativa que sean intuitivos, multilingües y adaptables a distintos estilos de aprendizaje, en línea con el DUA. Así se reduce la barrera tecnológica y se amplían las oportunidades de participación inclusiva.

— Establecer políticas institucionales y supranacionales que regulen el uso de la IA en docencia, evaluación y gestión, atendiendo a la transparencia algorítmica, la protección de datos[46] y la equidad de acceso. Esto fortalecerá la confianza de la comunidad educativa en la tecnología.

— Impulsar proyectos colaborativos interuniversitarios donde la IA generativa se utilice para la creación de contenidos, realizar investigaciones interdisciplinarias y compartir buenas prácticas que permitan un mejor acceso al conocimiento, potenciar la creatividad y la resiliencia en el marco del EEES.

---

46. Con el fin de garantizar el Reglamento (UE) 2016/679 del Parlamento Europeo y del Consejo, de 27 de abril de 2016, (Reglamento general de protección de datos, RGPD) y la Ley Orgánica 3/2018, de 5 de diciembre, de Protección de Datos Personales y garantía de los derechos digitales (LOPDGDD), se debe garantizar la privacidad y seguridad de la información, aplicando protocolos de cifrado y control de acceso para proteger los datos sensibles. La evaluación continua mediante auditorías algorítmicas institucionales permite identificar sesgos, errores o resultados inesperados, ajustando los modelos según el *feedback* de la comunidad educativa para asegurar equidad y precisión. Asimismo, la IA debe ser adaptable y personalizable a distintos estilos de aprendizaje, garantizando siempre la seguridad e integridad de los datos de los usuarios.

FIGURA 2. Ciclo de integración IA

Ciclo de Integración de IA en la Educación

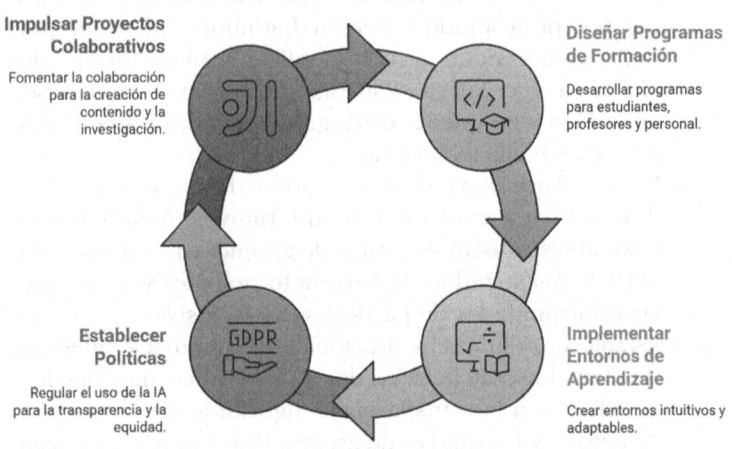

Impulsar Proyectos Colaborativos

Fomentar la colaboración para la creación de contenido y la investigación.

Diseñar Programas de Formación

Desarrollar programas para estudiantes, profesores y personal.

Establecer Políticas

Regular el uso de la IA para la transparencia y la equidad.

Implementar Entornos de Aprendizaje

Crear entornos intuitivos y adaptables.

Fuente: creación propia.

Es importante que las universidades garanticen un acceso equitativo al conocimiento mediante programas formativos sobre IA que abarquen desde niveles básicos hasta avanzados, facilitando la inclusión y el aprendizaje permanente. El uso de tecnologías digitales e inteligencia artificial puede ampliar el alcance educativo, siempre que las instituciones gestionen su adopción con equilibrio para evitar desigualdades entre sus egresados.

De igual manera, la IAG (inteligencia artificial generativa) está redefiniendo las dinámicas educativas y las competencias necesarias para desenvolverse en un entorno digital global. Democratizar su uso supone garantizar igualdad de oportunidades para aprender, crear y pensar críticamente con IA, superando las barreras socioeconómicas y geográficas. Esto exige programas formativos accesibles, flexibles y apoyados en la también en la educación a distancia, que fomenten la autonomía y la reflexión crítica. En este contexto, la docencia virtual se erige como un recurso estratégico para ampliar el alcance educativo no solo con nuestra docencia presencial sino ofreciendo experiencias personalizadas mediadas por esta tecnología.

Sin embargo, debemos tener en cuenta que la IAG tiene el potencial de convertir el aprendizaje en una experiencia más inmersiva, dinámica y personalizada, favoreciendo el rendimiento académico, la motivación y la autorregulación del estudiantado. Ahora bien, sin una mediación pedagógica adecuada, su uso podría derivar en una dependencia pasiva frente a las respuestas automatizadas, reduciendo la capacidad de análisis crítico y debilitando el desarrollo del pensamiento reflexivo y cuestionador[47]. Para mitigar este riesgo, es esencial equilibrar la integración tecnológica con la intervención docente, garantizando que la IAG no sustituya el proceso cognitivo del estudiante, sino que lo potencie mediante estrategias estructuradas y reflexivas[48].

Partiendo de los cuatro posibles escenarios que establece el IHR 2025, es posible diseñar una tabla (1) que integre de manera sistemática las tres dimensiones clave: Formativa (comprensión crítica, ética y creativa), Tecnológica (entornos inclusivos y alineados con el DUA) e Institucional-colaborativa (transparencia, equidad y cooperación). Esta matriz permite visualizar cómo la IA generativa puede aplicarse de forma estratégica para cada escenario, identificando estrategias concretas que reduzcan bre-

---

47. CHNG, E., TAN A.L. et al. Examining the Use of Emerging Technologies in Schools: a Review of Artificial Intelligence and Immersive Technologies. En *Education. Journal for STEM Educ Res* 6, pp. 385-407 (2023). https://doi.org/10.1007/s41979-023-00092-y

48. Para lograr una integración eficaz, el profesorado necesita apoyo institucional. Las instituciones deben establecer directrices que regulen su uso, garantizando una implementación ética y accesible, alineada con estándares pedagógicos que estimulen el pensamiento crítico. Del mismo modo, la formación docente en alfabetización digital e inteligencia artificial resulta esencial para diseñar estrategias de evaluación que promuevan un aprendizaje auténtico. Vid. MUÑOZ MARTINEZ, C., ROGER-MONZÓ, V., et al. «Generative AI and critical thinking in online higher education: challenges and opportunities». RIDE-Revista Iberoamericana de Educación a Distancia 28(2), 2025, pp. 233- 273; https://doi.org/10.5944/ried.28.2.43556

chas, fomenten la equidad y potencien la creatividad y la resiliencia institucional. En este sentido, la tabla funciona como guía práctica para la implementación responsable de la IA en universidades, orientando tanto el diseño de programas de formación como la creación de entornos inclusivos, políticas institucionales y proyectos colaborativos que fortalezcan la educación superior en contextos cambiantes.

TABLA 1. Resumen del Informe Horizon 2025 y posibles escenarios

Escenario de futuro IHR 2025	Formativa (comprensión crítica, ética y creativa)	Tecnológica (entornos inclusivos y DUA)	Institucional-colaborativa (transparencia, equidad, cooperación)
Crecimiento Avances rápidos en IA y RV generan ecosistemas hiper-personalizados, aunque con desigualdades entre instituciones.	— Diseñar programas de formación transversal que permitan aprender a usar IA críticamente, evitando la concentración del conocimiento solo en perfiles técnicos. — Fomentar la creatividad y pensamiento ético ante herramientas hiperpersonalizadas.	— Implementar entornos de aprendizaje multilingües, adaptativos y personalizados. — Integrar IA generativa para generar contenidos y tutorías dinámicas que se adapten al ritmo y estilo de cada estudiante.	— Establecer políticas que aseguren equidad en el acceso a IA y RV. — Promover la colaboración entre instituciones para reducir brechas tecnológicas y compartir buenas prácticas.
Restricción Financiación pública ligada a controles de calidad impulsa sistemas predictivos de IA, pero con riesgos de privacidad, sesgos y brechas de recursos.	— Formar a estudiantes y personal para identificar sesgos, riesgos de privacidad y limitaciones de sistemas predictivos. — Promover el pensamiento crítico y la responsabilidad ética ante herramientas restrictivas.	— Diseñar entornos de IA generativa seguros y accesibles, que minimicen sesgos y protejan datos. — Adaptar contenidos para maximizar inclusión pese a restricciones presupuestarias.	— Definir políticas institucionales y supranacionales que garanticen transparencia, protección de datos y equidad de acceso. — Fortalecer la confianza de la comunidad educativa en los sistemas de IA.

Escenario de futuro IHR 2025	Formativa (comprensión crítica, ética y creativa)	Tecnológica (entornos inclusivos y DUA)	Institucional-colaborativa (transparencia, equidad, cooperación)
Colapso Falta de alfabetización digital crítica y confianza ciega en contenidos generados por IA erosiona la credibilidad universitaria.	— Implementar programas de alfabetización crítica sobre IA para restaurar la confianza. — Enseñar a evaluar contenidos generados por IA, destacando riesgos de desinformación.	— Crear entornos de aprendizaje que incorporen IA generativa de manera transparente y explicativa, evitando la confianza desmesurada. — Introducir sistemas que permitan verificar fuentes y contenidos generados.	— Establecer protocolos institucionales de auditoría y verificación algorítmica. — Fomentar proyectos colaborativos que recuperen la credibilidad universitaria mediante evidencia y buenas prácticas compartidas.
Transformación Educación superior centrada en empleabilidad y competencias laborales, relegando humanidades y debilitando habilidades sociales.	— Programas de formación transversal que mantengan el enfoque crítico y ético incluso en entornos orientados a competencias laborales. — Incentivar la creatividad interdisciplinaria y habilidades sociales mediante el uso de IA.	— Entornos de aprendizaje que integren IA generativa para conectar disciplinas técnicas y humanísticas. — Diseñar contenidos adaptativos que fomenten competencias transversales y DUA, no solo laborales.	— Proyectos interuniversitarios que compartan conocimientos, fomenten la creatividad y la resiliencia. — Políticas que aseguren balance entre formación laboral y los títulos universitarios para mantener la diversidad académica.

FIGURA 3. Resumen integrado del DUA_IA, OCDE, Computación cuántica en el EEES

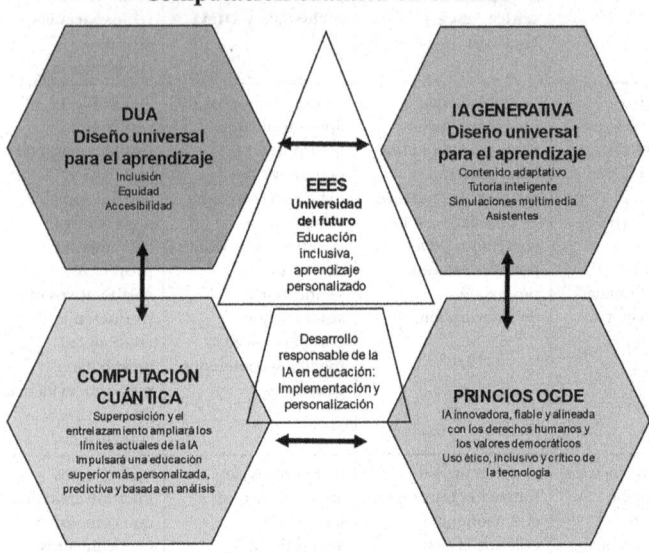

Fuente: Elaboración propia.

Ahora bien, debemos subrayar que la ética en la computación cuántica y la inteligencia artificial es un campo complejo y en rápida evolución que requiere atención urgente, puesto que la tecnología avanza más rápido que los marcos de gobernanza. Desde nuestro punto de vista creemos que es fundamental destinar parte de la inversión en I+D a investigar cómo prevenir usos maliciosos, sesgos algorítmicos, violaciones de privacidad y problemas de trazabilidad en sistemas cuánticos e híbridos con IA, es decir determinar cómo se ha llegado a un resultado concreto lo que implica la verificación del algoritmo o el llamado «*human on the loop*». Por consiguiente, traducir las buenas intenciones en estrategias de gestión efectivas permitirá anticipar riesgos y diseñar normas de gobernanza robustas. Dentro del EEES las universidades que lideren estos aspectos podrán proteger al estudiantado del uso malicioso, convirtiéndose esta herramienta en un factor estratégico de innovación y liderazgo tecnológico. En todo caso, podemos afirmar que la evolución de la computación cuántica y la inteligencia artificial en el ámbito universitario requiere recopilar datos sobre las necesidades de talento en industria, academia y administraciones públicas, y desarrollar oportunidades de aprendizaje a largo plazo.

Cabe señalar que los perfiles con formación cuántica e IA aplicada a sectores específicos serán clave, actuando como puente entre negocio y tecnología para generar soluciones innovadoras. Diseñar nuevas disciplinas académicas desde ahora permitirá preparar este talento emergente y consolidar una base sólida de expertos desde universidades[49] y *spin-offs* de investigación.

2. DESAFÍOS DE LA IA EN LA ORGANIZACIÓN Y GESTIÓN DE LAS UNIVERSIDADES

La IA generativa está siendo objeto de críticas y elogios por parte de muchos de los usuarios. A nivel educativo no podemos demonizar su uso sino implementar el proceso de enseñanza-aprendizaje con el ecosistema que nos presentan los algoritmos. De hecho, en el año 2023 se publicó un documento por parte de la CRUE[50] en el que se establecía una serie de oportunida-

---

49. La Estrategia de Tecnologías Cuánticas de España 2025-2030 subraya la importancia de la educación y el aprendizaje continuo como pilares fundamentales para el desarrollo del ecosistema cuántico nacional. En este marco, se destaca la necesidad de fomentar la formación especializada en tecnologías cuánticas, promoviendo la colaboración entre universidades, centros de investigación y empresas. Además, se enfatiza la creación de programas de formación y reciclaje profesional que permitan a los ciudadanos adaptarse a los cambios tecnológicos, asegurando una transición justa y equitativa hacia la economía cuántica. Esta estrategia se alinea con las políticas europeas de impulso al aprendizaje a lo largo de la vida y la creación de un mercado europeo de datos accesible con fines de investigación, innovación y emprendimiento. Vid: https://espanadigital. gob.es/sites/espanadigital/files/2025-05/Estrategia%20de%20Tecnolog%C3%ADas% 20Cu%C3%A1nticas%20de%20Espa%C3%B1a%202025-2030.pdf [acceso:19/10/2025].
50. https://www.crue.org/wp-content/uploads/2024/03/Crue-Digitalizacion_IA-Generativa.pdf [acceso:24/10/2025]

des, desafíos y recomendaciones para su uso en la docencia universitaria. Dicho estudio además subraya de forma clara la importancia de la IAG en la personalización del aprendizaje puesto que proporciona explicaciones alternativas, genera a los estudiantes comentarios personalizados sobre su trabajo, aporta ejemplos relevantes centrados en los intereses específicos de éstos, genera contenidos accesibles y adaptados para ofrecer atención a la diversidad, entre otros aspectos.

Dicho informe podemos resumirlo en seis puntos clave a acometer por parte de las Universidades:

— Las universidades deben acordar principios comunes para garantizar un uso ético, equitativo y seguro de la IA generativa (IAG), protegiendo la privacidad y los derechos de autor, y definiendo el papel del profesorado frente a la IA en el proceso educativo.

— Es necesario definir las competencias en IA para docentes y estudiantes (*prompt engineering*, evaluación, tutorización) e incluir formación específica en los programas de desarrollo docente. Además, se debe revisar la adecuación de estas competencias al *Digital Competence Framework for Educators* (*DigCompEdu*[51]) o, en su caso, proponer su actualización[52]. Por todo ello, el *DigCompEdu* desempeña un papel esencial en el fortalecimiento de las competencias digitales del profesorado, alineándolas con

---

51. Vid. PUNIE, Y., REDECKER, C., *European Framework for the Digital Competence of Educators: DigCompEdu*, Publications Office of the European Union, Luxembourg, 2017, https://publications.jrc.ec.europa.eu/repository/handle/JRC107466 [acceso:19/10/2025].

52. La hoja de ruta de 2030 para el futuro de la enseñanza y las competencias en el ámbito digital será uno de los resultados clave de la Unión de las Competencias, y se basará en la revisión del Plan de Acción. Esta hoja de ruta complementará otras iniciativas estratégicas, como el Plan de Acción para las Competencias Básicas y el Plan Estratégico para la Enseñanza de las CTIM, y tendrá por objeto crear un ecosistema de educación digital de la UE sólido e inclusivo. https://eur-lex.europa.eu/legal-content/ES/TXT/PDF/?uri=CELEX:52018DC0022&from=ES [acceso:24/10/2025].

las demandas de la sociedad y de la educación contemporánea. En el ámbito de la educación superior, las universidades se configuran como espacios estratégicos para la innovación y la formación profesional, y el marco les ofrece una guía común para integrar la tecnología de forma significativa en la enseñanza, el aprendizaje y la evaluación. Poe consiguiente creemos que contribuye al cumplimiento de las recomendaciones del Consejo Europeo sobre competencias digitales dentro de la Agenda de Capacidades para Europa. En otras palabras, el *DigCompEdu*[53] actúa como un catalizador de la transformación digital universitaria, impulsando la innovación, la excelencia docente y la preparación integral de profesores y estudiantes para los retos de la era digital.

— Cada universidad debe promover espacios de diálogo interno entre todos los colectivos y foros interuniversitarios para debatir el impacto de la IAG, compartir experiencias y diseñar estrategias conjuntas.

— La incorporación de la IAG debe planificarse considerando su impacto en la calidad educativa, la carga docente, la personalización del aprendizaje, la equidad, la privacidad y la transparencia. También deben revisarse los planes de estudio para adaptar contenidos, metodologías y evaluaciones.

---

53. El *DigCompEdu* (Marco Europeo de Competencia Digital para Educadores) se estructura en seis áreas que integran veintidós competencias específicas: compromiso profesional, recursos digitales, enseñanza y aprendizaje, evaluación y retroalimentación, empoderamiento del alumnado y facilitación de la competencia digital de los estudiantes. El marco propone un modelo de progresión inspirado en el MCER, que va desde los niveles A1-A2 (novato y explorador) hasta C1-C2 (líder y pionero), describiendo el desarrollo gradual de la competencia digital docente. Asimismo, se sustenta en principios orientadores que promueven la innovación pedagógica basada en tecnología, el aprendizaje inclusivo y centrado en el estudiante, la evaluación continua y formativa, y una ética digital responsable orientada al bienestar de la comunidad educativa. En conjunto, constituye una referencia estratégica para el desarrollo profesional docente y la transformación digital de la educación en el ámbito europeo.

— Igualmente, se propone crear comunidades docentes que compartan buenas prácticas y herramientas sobre IA, tanto a nivel institucional como nacional. Además, deben establecerse programas que garanticen la igualdad de acceso a la tecnología, especialmente para colectivos desfavorecidos.

— Finalmente, es fundamental explicar al alumnado cómo se gestionan sus datos, establecer protocolos de seguridad y monitorización del impacto de la IA, evaluar el coste ecológico de los sistemas utilizados y realizar un seguimiento continuo de la evolución tecnológica, ética y legal.

Es cierto que todo ello supone un reto, ya que como señala Vera[54]: «...*la integración de la inteligencia artificial en los procesos de aprendizaje-enseñanza debe ser realizada de manera ética y responsable, teniendo en cuenta aspectos como la privacidad y la seguridad de los estudiantes y siempre complementando la interacción y el apoyo docente en el proceso educativo. La inteligencia artificial puede ser una herramienta valiosa para apoyar estos procesos, pero, es esencial que el profesorado la utilicen de manera adecuada y reflexiva, teniendo en cuenta los objetivos pedagógicos y las necesidades de sus estudiantes. Además, es preciso considerar aspectos relacionados con la equidad en el acceso a las tecnologías, la transparencia en el uso de datos y la formación adecuada del profesorado para utilizar estas herramientas basadas en inteligencia artificial, de manera efectiva y responsable*».

A mayor abundamiento, debemos tener en cuenta el *Dig-Comp* o Marco Europeo de Competencias Digitales para la Ciudadanía. Su versión 3.0[55] se ajusta a la Declaración Europea so-

---

54. VERA F., «Integración de la Inteligencia Artificial en la Educación superior: Desafíos y oportunidades». En Revista Electrónica Transformar, n 4(1) 2023, p. 17-34; 32. https://www.revistatransformar.cl/index.php/transformar/article/view/84 [acceso:26/10/2025].
55. Entre las principales novedades destacan la actualización de la redacción de las competencias, la revisión de los niveles de dominio, la incorporación de re-

bre Derechos Digitales y Principios para la Década Digital (2023), reforzando el papel central de derechos fundamentales como la libertad de expresión e información, la protección de datos y la privacidad, en la transformación digital. En el contexto del Espacio Europeo de Educación Superior (EEES), este marco adquiere especial relevancia para las universidades, que desempeñan una función clave en la formación de una ciudadanía digital crítica, ética y socialmente responsable. Por ello la *DigComp* 3.0 ofrece una visión unificada, coherente y actualizada de la competencia digital, con el objetivo de favorecer el aprendizaje permanente, la empleabilidad y la plena participación en la sociedad digital. Por consiguiente, complementa la Declaración Europea al articular las competencias necesarias para el aprendizaje, el trabajo y la vida cívica, promoviendo el uso responsable y sostenible de las tecnologías.

Las actualizaciones de esta versión responden a cinco áreas prioritarias que reflejan tanto los avances tecnológicos como las prioridades políticas y educativas actuales: inteligencia artificial (incluida la generativa), competencia ciudadana en ciberseguridad, derechos, elección y responsabilidad digital, bienestar en entornos digitales y competencia frente a la desinformación. Además, reconoce la importancia de la formación continua y de la adaptación de las competencias digitales a las diferentes necesidades de las personas y de los contextos educativos. En consecuencia, la formación digital adquiere un papel esencial, dado que los programas de iniciación a la docencia universitaria en España, fundamentados en los marcos

---

sultados de aprendizaje, definidos en términos de conocimientos, habilidades y actitudes, y la integración transversal de la alfabetización en inteligencia artificial. En el ámbito universitario del EEES, estas innovaciones proporcionan un marco de referencia sólido para el diseño curricular, la evaluación competencial y la promoción de una educación digital inclusiva, ética y alineada con los objetivos europeos de sostenibilidad y ciudadanía activa, https://joint-research-centre.ec.europa.eu/projects-and-activities/education-and-training/digital-transformation-education/digital-competence-framework-citizens-digcomp/current-developments-digcomp-2024-2025_en [acceso: 26/10/2025].

DigComp y *DigCompEdu*[56], demuestran la necesidad de un enfoque dual que articule la competencia digital ciudadana y la educativa, incorporando dimensiones aun insuficientemente atendidas, como la seguridad digital, el pensamiento crítico y la ética tecnológica. Del mismo modo, observamos una carencia de formación en IA, lo que, ante la velocidad vertiginosa de los cambios tecnológicos y el punto de inflexión que representa como potencial amenaza deshumanizadora, obliga a revisar los contenidos para integrar su comprensión pedagógica y su repercusión en nuestros quehaceres docentes.

Con posterioridad el informe UNIVERSITIC 2024[57]constituye una referencia estratégica para comprender el grado de madurez digital del sistema universitario español durante el período 2020-2024. Basado en el modelo md4u (Modelo de Madurez Digital para Universidades), consolida una metodología continua de evaluación y autodiagnóstico que permite medir, comparar y mejorar los procesos de transformación digital en las universidades. El estudio, impulsado por CRUE Digitalización y basado en los datos de 59 universidades, lo que equivale a un 78% de las Universidades Españolas, revela una evolución sos-

---

56. BUILS S., VIÑOLES-COSENTINO V., et al. «La formación digital en los programas de iniciación a la docencia universitaria en España: un análisis comparativo a partir del DigComp y DigCompEdu» En Educación XX1, 27(2), 2024, pp. 37-64; https://doi.org/10.5944/educxx1[acceso:26/10/2025]. Los autores del estudio señalan que existe una notable heterogeneidad en las ofertas formativas entre universidades, así como la ausencia de un marco común que regule dichas propuestas. En consecuencia, sugieren promover una mayor homogeneidad y la implementación de evaluaciones diagnósticas iniciales que permitan adaptar los programas formativos a las necesidades específicas de cada institución. La conclusión principal es que la formación del profesorado debe ampliarse, hacerse más homogénea y centrarse en la dimensión pedagógica crítica, integrando principios éticos sólidos, competencias tecnológicas avanzadas y especial atención a la seguridad, así como al aprovechamiento de tecnologías emergentes, como la inteligencia artificial. En síntesis, se subraya que dicha formación debe estar alineada con la estrategia institucional y orientarse hacia un desarrollo pedagógico integral y contemporáneo.

57. https://tic.crue.org/wp-content/uploads/2025/06/UNIVERSITIC-2024-Navegable.pdf [acceso:24/10/2025].

tenida en la gestión tecnológica y destaca nuevos retos en ámbitos como la formación en competencias digitales, la ciberseguridad, la docencia online y la incorporación estratégica de la inteligencia artificial. En un contexto de aceleración tecnológica e incertidumbre creciente, el informe subraya la necesidad de integrar la transformación digital en la visión institucional y de avanzar hacia una cultura universitaria más innovadora, segura y orientada al conocimiento compartido. De dicho informe se identifican siete retos claves que afectan a las Universidades en torno a la transformación digital, teniendo presente cuatro parámetros gestión, innovación, gobierno y transformación digital:

— Fomentar la cultura y las competencias digitales para reducir la resistencia al cambio y facilitar la transformación.
— Garantizar la seguridad y continuidad de los servicios como base de la digitalización.
— Ofrecer servicios innovadores y de calidad que generen ventaja competitiva.
— Impulsar una formación personalizada y de excelencia mediante tecnologías y metodologías avanzadas.
— Mejorar la experiencia del estudiantado, respondiendo a sus necesidades emergentes.
— Usar información y análisis de datos para una toma de decisiones estratégicas fundamentada.
— Alinear las iniciativas tecnológicas con los objetivos y la visión estratégica de la universidad.

Todo desafío no está exento de dificultades, de ahí que las universidades deban liderar con agilidad la adopción de la inteligencia artificial, porque, como instituciones clave en la generación de conocimiento y en la formación de ciudadanía, su capacidad de respuesta determinará la competitividad investigadora, la calidad educativa y la legitimidad social del cambio tecnológico.

Asimismo, liderar con rapidez y criterio permite aprovechar oportunidades[58] de innovación, minimizar riesgos reputacionales y normativos, y garantizar que la transición sea inclusiva y alineada con el interés público. Por consiguiente, es necesario adoptar retos clave de la universidad frente a la IA y su implicación en un nuevo paradigma, que se podrían sintetizar, desde nuestro punto de vista en:

1- **Ética y responsabilidad en el uso de la IA**: garantizando que la IA sea utilizada de manera ética, responsable y transparente, protegiendo la privacidad de los datos, los derechos de autor y promoviendo la equidad entre todo el estudiantado y profesorado. Esto implica la creación de comités de ética universitarios que velen por la integridad académica y la transparencia en el uso de algoritmos.

2- **Formación y desarrollo de competencias**: Capacitar a docentes, administrativos y estudiantes en el uso efectivo y ético de herramientas de IA, alineado con el Marco competencial *DigCompEdu*, para evitar retrasos en investigación y enseñanza y asegurar que las universidades puedan liderar la innovación educativa.

3- **Transformación organizativa y pedagógica**: Adaptar la estructura universitaria, automatizar procesos administrativos y fomentar la personalización del aprendizaje mediante IA, reduciendo la carga docente y optimizando los procesos de enseñanza-aprendizaje. Este cambio requiere una profunda reconfiguración de la universidad hacia

---

58. ARCO BRAVO I., «Experiencias y propuestas sobre la organización y gestión universitaria de la IA en España» en *La gestión de la inteligencia artificial en los contextos universitarios iberoamericanos*, (Coord. Gairín Sallán - Alguacil Mir) Edo-Serveis - Universitat Autònoma de Barcelona Barcelona, 2024, pp. 156-172; 169-171 la a. recopila algunas experiencias significativas desarrolladas en el sistema universitario español situándolo como puntero en la aplicación de IA, lo que demuestra la agilidad de muchas instituciones para poder acometer los desafíos que establece esta tecnología.

un modelo más ágil y centrado en la innovación y el uso del ecosistema de TIC con IA.

4- **Sostenibilidad, seguridad y regulación:** Evaluar el impacto ecológico de la IA, garantizar la ciberseguridad de algoritmos, servidores y datos, y cumplir la normativa vigente sobre protección de datos, inclusión y propiedad intelectual. Estas medidas son esenciales para asegurar la viabilidad, seguridad y confianza en el nuevo paradigma universitario basado en IA.

FIGURA 4. Desafíos en el EEES

Desafíos de la IA en la Universidad

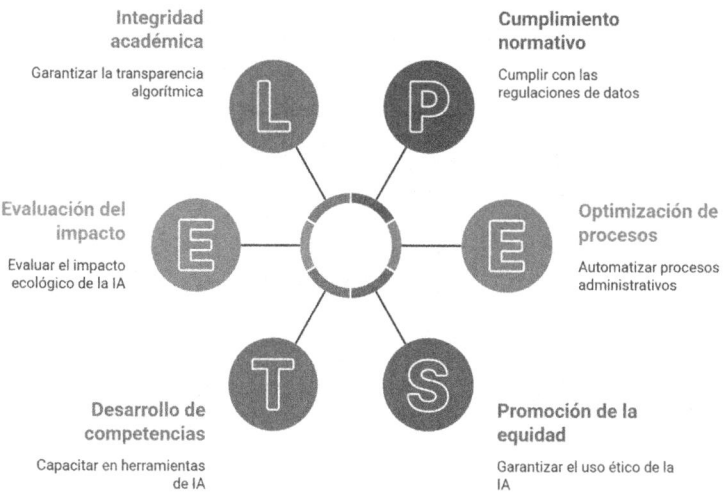

Fuente: elaboración propia

3. IA, EDUCACIÓN Y DERECHO: HACIA UNA REGULACIÓN DE LA ALGORITMIZACIÓN DEL CONOCIMIENTO

Como ya hemos puesto de manifiesto, el desarrollo y la irrupción frenética de la IAG está teniendo un gran impacto en la educación superior. Los avances en las soluciones impulsadas por la IA conllevan un enorme potencial para el bien social y la consecución de los Objetivos de Desarrollo Sostenible, ODS de forma particular el 4 que trata de garantizar educación inclusiva, equitativa y de calidad y promover oportunidades de aprendizaje durante toda la vida para todos. De igual forma debemos tener en cuenta el documento de la UNESCO «*Inteligencia artificial y educación: guía para las personas a cargo de formular políticas*» que se erige como un documento de orientación a las personas a cargo de formular políticas sobre la mejor manera de aprovechar las oportunidades y enfrentar los riesgos que presenta la creciente conexión entre la IA y la educación.

Finalmente es imperativo citar el informe de EDUCAUSE, que es una asociación de tecnología para la educación superior y la mayor comunidad de líderes y profesionales de TI comprometidos con el avance de la educación superior, que ya en 2023 había presentado otro informe sobre *Horizon Action Plan* sobre IA Generativa, donde se fijaron como objetivos como iba afectar el uso de la IA generativa en los próximo diez años, sabiendo que la mayor parte de la comunidad de la enseñanza superior se sitúa en algún punto intermedio, entre su incorporación al aula abrazando el potencial de la IA generativa con entusiasmo, pero al mismo tiempo estableciendo fórmulas de control y escrutinio. De ese estudio se determinó que la lAG estaba cambiando el panorama de los procesos de enseñanza-aprendizaje al verificarse:

1. Los desarrolladores e investigadores de IAG han encontrado formas de garantizar que los procesos y resultados sean iguales, representativos e imparciales.
2. La IAG se utiliza para mejorar las relaciones humanas y completar tareas que los humanos no quieren hacer.
3. El profesorado, el personal y los estudiantes son capaces de pensar de forma crítica sobre las herramientas y los resultados de la IAG.
4. La IAG favorece el acceso y la accesibilidad de la tecnología educativa.
5. Las herramientas de IAG informan en tiempo real sobre los resultados del análisis del aprendizaje.
6. Los asistentes digitales proporcionan a los estudiantes guías personalizadas y permanentes para el aprendizaje.

En este sentido, es importante que docentes y discentes estén preparados para aprender con la IA, aprovechando todo el ecosistema de herramientas que se ha generado; aprender sobre la IA, comprendiendo su uso y aplicaciones; y, finalmente, prepararse para la IA, entendiendo su potencial y los cambios que va a propiciar en nuestro futuro, puesto que no solo va provocar cambios en los procesos de enseñanza aprendizaje, sino también en el *tutoring* y *assestment*, es decir la tutoría y la evaluación[59].

Como docentes nos podemos permanecer inmóviles antes esta tecnología, puesto que hoy en día utilizamos menos clases magistrales e intentamos trabajar con las TIC como herramien-

---

59. GONZÁLEZ-CALATAYUD, V.; PRENDES-ESPINOSA et al. «Artificial Intelligence for Student Assessment: A Systematic Review» en Appl. Sci. 2021, 11, 5467, p. 1-15. https://doi.org/10.3390/app 11125467 [acceso:27/10/2025].

ta de soporte a la docencia para así mejorar la experiencia de aprendizaje del alumnado[60]. En nuestros quehaceres diarios hemos integrado el uso de la IAG para la mejora docente, toda vez que intentamos motivar al estudiantado con el convencimiento que debemos involucrarlos de manera más activa en el conocimiento de ésta con todo su potencial, siendo conscientes de los retos que implican educar para un uso ético.

Ahora bien, la conceptualización de la Inteligencia Artificial se debe, en buena medida, a John McCarthy, quien en 1955 la definió como «*The science and engineering of making intelligent machines*». No obstante, si realizamos un breve recorrido por su origen inmediato, debemos remontarnos también al brillante matemático Alan Turing, cuyas aportaciones sentaron las bases teóricas que harían posible el desarrollo posterior de la IA. Dentro de esta debemos distinguir dos tipos de aprendizaje: el automático y el profundo. El primero se basa en complejos y sofisticados métodos de programación cumpliendo una función mecánica, ya que los algoritmos realizan un análisis pormenorizado de los datos, esto es, patrones, relaciones y características específicas para extraer información y obtener un aprendizaje, aplicando ese conocimiento de forma automatizada o también llamada automatización inteligente o cognitiva. Cuando hablamos del segundo, del *Deep learning* que está basado en las redes neuronales artificiales, nos referimos a la evolución del primero, y se basa en redes neuronales artificiales programables, capaces de aprender y tomar decisiones inteligentes por sí solas, esto es, tratando de imitar la inteligencia humana, pero sin su intervención.

Es notorio que las TIC y la propia IAG constituyen la llave maestra hacia el Diseño Universal para el Aprendizaje (DUA) del cual ya nos hemos ocupado en la primera parte y al cual nos referiremos en el siguiente apartado desde el punto de vista de la IA, puesto que proporciona una de las herramientas crucia-

---

60. GALLAR J.-LOPEZOSA C., *Inteligencia Artificial, desinformación y aspectos éticos en ChatGTP y educación universitaria, Posibilidades y límites de Chat-GTP como herramienta docente,* Coord. Ribera-Díaz, Octaedro, UB, Barcelona, 2024, p. 10.

les para la accesibilidad y la cooperación. Creemos que la IAG contribuye a adaptar contenidos, actividades e instrumentos de evaluación, a estudiantes con diferentes estilos de aprendizaje y necesidades educativas especiales. Conforme se analizan las funcionalidades de la IA, se descubre cómo estas herramientas transforman la educación, haciéndola más accesible, personalizada y eficiente, verbigracia a través de *chatbots* y plataformas de aprendizaje en línea hasta asistentes de voz virtuales, entre otros Siri, Google Now, Alexa y Cortana[61], y los integrados con IA como el de «*Comet*» de *perplexity* o «*Atlas*» de *ChatGPT.*

Desde un punto de vista normativo, debemos hacer mención del Reglamento (UE) 2024/1689 del Parlamento Europeo y del Consejo, de 13 de junio de 2024, por el que se establecen normas armonizadas en materia de inteligencia artificial y se modifican los Reglamentos (CE) n.º 300/2008, (UE) n.º 167/2013, (UE) n.º 168/2013, (UE) 2018/858, (UE) 2018/1139 y (UE) 2019/2144, así como las Directivas 2014/90/UE, (UE) 2016/797 y (UE) 2020/1828. Conocido como Reglamento de Inteligencia Artificial o «*AI Act*», este instrumento jurídico constituye el primer marco normativo integral de la Unión Europea destinado a regular el desarrollo, la comercialización y la utilización de sistemas de inteligencia artificial, asegurando que estos sean seguros, transparentes, éticos y respetuosos con los derechos fundamentales y los valores europeos.

Este Reglamento de inteligencia artificial en su Considerando 56 señala que:

> «*El despliegue de sistemas de IA en el ámbito educativo es importante para fomentar una educación y formación digitales de alta calidad y para que todos los estudiantes y profesores puedan adquirir y compartir las capacidades y competencias digitales necesarias, incluidos la alfabetización mediática, y el pensamiento crítico, para participar activamente en la economía, la sociedad y los pro-*

---

61. BERRONES L., SALGADO S., «La aplicación de la inteligencia artificial para mejorar la enseñanza y el aprendizaje en el ámbito educativo». En *Esprint Investigación* 2(1) 2023, p. 52-60. https://doi.org/10.61347/ei.v2i1.52[acceso:27/10/2025].

cesos democráticos. No obstante, deben clasificarse como de alto riesgo los sistemas de IA que se utilizan en la educación o la formación profesional, y en particular aquellos que determinan el acceso o la admisión, distribuyen a las personas entre distintas instituciones educativas y de formación profesional o programas de todos los niveles, evalúan los resultados del aprendizaje de las personas, evalúan el nivel apropiado de educación de una persona e influyen sustancialmente en el nivel de educación y formación que las personas recibirán o al que podrán acceder, o supervisan y detectan comportamientos prohibidos de los estudiantes durante las pruebas, ya que pueden decidir la trayectoria formativa y profesional de una persona y, en consecuencia, puede afectar a su capacidad para asegurar su subsistencia. Cuando no se diseñan y utilizan correctamente, estos sistemas pueden invadir especialmente y violar el derecho a la educación y la formación, y el derecho a no sufrir discriminación, además de perpetuar patrones históricos de discriminación, por ejemplo, contra las mujeres, determinados grupos de edad, las personas con discapacidad o las personas de cierto origen racial o étnico o con una determinada orientación sexual»

Esta norma adopta un enfoque basado en el riesgo, distinguiendo entre sistemas de riesgo mínimo, limitado, alto y prohibido, y determinando las obligaciones específicas que deben cumplir los proveedores, desarrolladores y usuarios en cada caso. De manera particular, se presta atención a los sistemas de alto riesgo aplicados en sectores sensibles, entre ellos la educación y la formación profesional, donde el uso de algoritmos puede incidir en la evaluación, selección o acceso de los estudiantes, con potencial impacto en la igualdad y la no discriminación, prohibiéndose también los usos y sistemas que supongan un riesgo inaceptable, como los sistemas gubernamentales de puntuación social que se utilizan en China; o las IA de alto riesgo, como herramientas de escaneo de currículos para clasificar a los solicitantes de empleo al introducir sesgos en el proceso de selección[62].

---

62. García Sánchez M.D., «Justicia penal 4.0: el haz y el envés de una justicia más ágil y eficaz. Perspectivas desde el contexto actual de liquidez y riesgo». En

Es notorio que desde la «nueva normalidad» tras la pandemia, la tecnología ha ido avanzando de forma progresiva hasta el punto de cambiar los entornos educativos, proponiéndose nuevos modelos de aprendizaje que conllevan, sin lugar a duda, una profunda reflexión y revisión de las categorías didáctico-pedagógicas del aprendizaje. Algunos de estos cambios han sido impulsados por la IA, transformando la educación y generando nuevas oportunidades. Como resultado, no podemos permanecer impasibles con la evolución de esta tecnología sino estar preparados para los cambios y la enseñanza en tiempos de IA reflexionando sobre:

— La interacción que supone la IA en el Espacio Educativo de Educación Superior.
— Los cambios y la transformación en el ámbito de las competencias y estrategias docentes que deben orientarse hacia la preparación del estudiantado en un contexto interdisciplinar que repercutirá en su desarrollo profesional en el futuro.
— Las aplicaciones que facilitan el proceso de enseñanza-aprendizaje dentro del ecosistema tecnológico de la IA, ya que permiten la creación de contenidos, el desarrollo inicial de ideas, la gestión de proyectos, la evaluación automatizada, la elaboración de rúbricas y otras innovaciones en la evaluación.

Es evidente que la IA puede mejorar a su vez el aprendizaje automático[63], dado que proporciona un entorno más dinámico que el educativo tradicional, dónde el aprendizaje personalizado requiere el empleo de diversos recursos y tiempo, aspectos que la IA nos resuelve con múltiples aplicaciones.

Más allá de la Justicia: nuevos horizontes del Derecho procesal (Dir. Sánchez Rubio), Tirant lo blach, Valencia, 2024, p. 67-82.
63. HUI LUAN AND CHIN-CHUNG TSAI, A., «Review of Using Machine Learning Approaches for Precision Education» en *Educational Technology & Society*, January, (24), 1 (January 2021) p. 250-266.

A la hora de definir los objetivos, que veremos en el siguiente apartado, debemos analizar como la IA puede ser utilizada como productora y mediadora de procesos de aprendizaje a través de la interacción con una máquina y sus algoritmos, sin necesidad de la intervención humana. Así, podemos citar como ejemplo el *ChatGPT*, un prototipo de *chatbot* de inteligencia artificial, que emplea arquitectura GPT (*Generative Pre-trained Transformer*), y que fue desarrollado en 2022 por la empresa *OpenAI* que se especializa en el diálogo, o en Procesamiento del Lenguaje Natural (PLN), una rama de la inteligencia artificial que se enfoca en mejorar la capacidad de las máquinas para comprender el lenguaje humano. El sistema se basa en un modelo generativo de lenguaje que cuenta con 175 millones de parámetros y ha sido entrenado utilizando una extensa colección de 8 millones de documentos y multitud de bases de datos de texto alojados en internet. Esto incluye la friolera de 570 GB de datos obtenidos de libros, *webtextos*, *Wikipedia*, artículos y otros escritos de Internet. Para ser más exactos, se introdujeron en el sistema 300.000 millones de palabras[64], es cierto que sigue en evolución hacia versiones como *ChatGPT* 5.0. de razonamiento avanzado y su navegador *Atlas, Gemini Pro*-2.5, *Grok 4 fast, Perplexity* con *Comet, Claude Sonnet* 4.5. La evolución de la inteligencia artificial generativa es tan acelerada que resulta prácticamente imposible estar al corriente de todas las herramientas, modelos y aplicaciones que surgen día a día; por ello su desarrollo es imparable y, probablemente, en 2026 continuará con un crecimiento exponencial.

Debemos agregar que en la actualidad en el ámbito jurídico, nos encontramos con el uso de la IA y la aplicación de ésta a los problemas jurídicos, dando lugar a la llamada «*LegalTech*», es decir, la aplicación de esta tecnología por parte de juristas y otros operadores jurídicos como complemento y como medio para obtener información para la resolución de un conflicto, a través del procesamiento de información y la jurisprudencia conectada con

---

64. Hughes, A. (2023). BBC Science Focus. (recuperado el 31/01/2024) de la url (https://www.sciencefocus.com/future-technology/gpt-3)

el asunto particular objeto de litigio, facilitando la organización y automatización de las referencias legales, y permitiendo que el jurista se pueda centrar en aspectos nucleares y trascendentales. Este recurso logra resolver y optimizar los resultados con mayor eficacia, hasta el punto de que con el *machine learning* se podría alcanzar una mejora en la evolución y evaluación de una institución jurídica, verbigracia con el análisis de los precedentes judiciales. De esta manera, en opinión de Martínez Baena[65]: «*el razonamiento basado en casos administra una base de casos resueltos, de tal manera que cuando se le presenta un problema busca si se parece a alguno otro que se encuentre almacenado en su base de conocimiento. Si existe un problema similar, entonces analiza qué tanto se parecen, para luego aplicar operadores de modificación sobre la solución, adaptándola al nuevo problema*».

No obstante, debemos ser cautos con lo que podría pasar a largo plazo, ya que, hoy en día, se producen errores a la hora de procesar las normas, el propio lenguaje jurídico y la obtención de resultados bien fundamentados. Aunque hay países como China que ya utilizan cortes virtuales y han desarrollado numerosas páginas y aplicaciones web para poder tener una comunicación a través de software conversacional o *chatbots*, lo cierto es que en este momento los algoritmos cometen errores. Un ejemplo de ello ha ocurrido con el algoritmo COMPAS (*Correctional Offender Management Profiling for Alternative Sanctions*), basado en IA predictiva, y que ha sido objeto de polémica por la falta de transparencia de la arquitectura del algoritmo y por la presencia de sesgos, puesto que se basan en datos colectivos que pueden identificar grupos de delincuentes de alto riesgo, y no un individuo en particular con dichas características[66].

Avanzando en nuestro razonamiento, son muchas las cuestiones que suscitan debate en el ámbito jurídico con relación a la IA,

---

65. MARTÍNEZ BAENA G.C. «La inteligencia artificial y su aplicación al campo del Derecho», *Revista Alegatos, 82* (septiembre-diciembre) 2012, pp. 827-846.
66. ROA AVERLLA M.P., SANABRIA-MOYANO J. et al, Uso del algoritmo COMPAS en el proceso penal y los riesgos a los derechos humanos, en Revista Brasileira de Direito Processual Penal, Vol. 8, 1 (2022), pp. 275-310; 289.

desde la algoritmización de la justicia, la protección de los Derechos fundamentales y la propia transparencia en el uso por parte del poder público. En este sentido debemos traer a colación el Real Decreto-ley 6/2023, de 19 de diciembre, por el que se aprueban medidas urgentes para la ejecución del Plan de Recuperación, Transformación y Resiliencia en materia de servicio público de justicia, función pública, régimen local y mecenazgo. Concretamente en lo que concierne a la tramitación electrónica y el principio general de orientación al dato, en su art.35, se señala que todos los sistemas de información y comunicación que se utilicen en el ámbito de la Administración de Justicia, incluso para finalidades de apoyo a las de carácter gubernativo, asegurarán la entrada, incorporación y tratamiento de la información en forma de metadatos, conforme a esquemas comunes, y en modelos de datos comunes e interoperables que posibiliten, simplifiquen y favorezcan, entre otras cuestiones, y según se establece en su apartado k):

«*La aplicación de técnicas de inteligencia artificial para los fines anteriores u otros que sirvan de apoyo a la función jurisdiccional, a la tramitación, en su caso, de procedimientos judiciales, y a la definición y ejecución de políticas públicas relativas a la Administración de Justicia*».

Es notorio que poco a poco la IA se va a ir introduciendo en todos los ámbitos de alguna manera, por consiguiente, nosotros como docentes, debemos formar al estudiantado sobre las bondades y los peligros de la IA dentro de la transversalidad del concepto de *long life learning* desde las Universidades. Así en esta cuarta revolución industrial, donde los procedimientos judiciales estarán enmarcados en la llamada Justicia 4.0 con una mayor automatización y el *predictive policing* que podrá efectuar pronósticos acerca del futuro delictivo y los lugares identificados con alto riesgo o *hot spot*[67], se van a producir cambios

---

67. GARCÍA SÁNCHEZ M.D., «Justicia penal 4.0: el haz y el envés de una justicia más ágil y eficaz. Perspectivas desde el contexto actual de liquidez y riesgo». En

que pasan por la introducción en la formación curricular del estudiante de derecho con un cambio de paradigma para el cual debemos estar preparados.

En consecuencia, en nuestro ámbito educativo, no podemos prescindir de su utilización, siendo conscientes de los riesgos que implica su uso, los sesgos y errores, apostando por una utilización segura, responsable y ética. Por ello, los profesores debemos ser líderes de la sociedad y los que marcan la diferencia en la vida de los estudiantes, en tanto en cuanto la IA va a jugar un papel relevante. Por un lado, facilita la actividad diaria del docente, en la medida de que la implementación y el uso de aplicaciones generadas con IA pueden liberar a los mismos de algunas tareas, como la corrección de trabajos o pruebas y la propia evaluación, pudiendo dedicar mayores esfuerzos a la labor puramente docente y formativa, como apunta Kai Fu-Lee experto en IA[68]. Si finalmente se produce la integración de la IA en las aulas, podemos ahorrar entre un 40-50% de nuestro tiempo, invirtiéndose en aspectos como las relaciones interpersonales- valores- empatía- trabajo en equipo y en la creatividad del alumno. Ello nos hace pensar en que la propia educación debe ser reiniciada, hacerle un *reboot*, utilizando un neologismo, naturalmente dentro del marco normativo de referencia citando antes con la ley de inteligencia artificial (Reg. (UE) 2024/1689), ya que éste establece obligaciones para proveedores y usuarios en función del nivel de riesgo de la IA. Aunque muchos sistemas de IA plantean un riesgo mínimo, es necesario realizar la evaluación de aquellos que pretendamos utilizar o que pueden ser usados por el estudiantado en un Grado en Derecho, entre otras cuestiones, por la influencia e impacto de esta tecnología en el mercado laboral, las implicaciones jurídicas y éticas, su importancia en el ámbito de la innovación y el emprendimiento y la tutela de los Derechos fundamentales.

Más allá de la Justicia: nuevos horizontes del Derecho procesal (Dir. Sánchez Rubio), Tirant lo blach, Valencia, 2024, p. 67-82; 68.

68. Entrevista de Kai Fu-Lee experto en IA https://www.youtube.com/watch?v=9N1iYDHRZ14 [acceso:14/09/2025]

El Reglamento *ob supra* aborda en su artículo 14 lo que se conoce como «*human in the loop*», destacando la importancia de la participación humana en el contexto de la inteligencia artificial. Así, el citado precepto dispone «*…que los sistemas de alto riesgo puedan ser vigilados de manera efectiva por personas físicas, para prevenir o reducir al mínimo los riesgos para la salud, la seguridad o los derechos fundamentales que pueden surgir cuando un sistema de IA de alto riesgo se utiliza conforme a su finalidad prevista o cuando se le da un uso indebido razonablemente previsible*». Es por ello, que, en nuestra práctica, informamos a los estudiantes que, aunque la aplicación ofrece numerosas ventajas, es imprescindible supervisar los contenidos y comprobar que la información que se ofrece es veraz, segura, fiable o si vulnera algún derecho. Esta trazabilidad es necesaria en la toma de decisiones de las máquinas ya que éstas carecen de empatía, aunque pueden imitarla, sin embargo, no pueden adoptar buenas decisiones en aquellos casos en que exista un margen de valoración administrativo, manteniendo el debido respeto al derecho a una buena administración de los ciudadanos[69].

Con base a lo anteriormente expuesto, es oportuno señalar que la supervisión la puede realizar tanto un proveedor como un usuario, y el objetivo, al menos en nuestro campo y en el contexto de una asignatura en particular, será determinar si la normativa o la jurisprudencia que se cita es correcta y aplicable al asunto planteado, o si se trata de una resolución o una decisión automatizada por haber sido generada a través del entrenamiento con el *big data* de personas y contexto, no se produzcan sesgos que perjudiquen a los sujetos que se hayan en un proceso, o si nos encontramos ante uno de los supuestos identificados como de alto riesgo que su uso sea adecuado.

En consecuencia, nos parece acertado introducir en el estudiantado la posibilidad de verificar si lo que hace la IA es o no

---

69. PONCE SOLÉ J., Reserva de la humanidad y supervisión humana de la inteligencia artificial. *Cronista del Estado social y Democrático de Derecho, 100,* septiembre-octubre,2022, p. 58-67.

es correcto, o supervisar si se puede o no utilizar para dar soluciones automatizadas. No podemos mantenernos al margen como docentes en el proceso de enseñanza-aprendizaje ya que tenemos el desafío de desarrollar en las nuevas generaciones habilidades y conocimientos para desenvolverse en una sociedad cada vez más digitalizada y donde la automatización de procesos se ira agudizando. En este sentido cabe recordar que el entorno laboral, como hemos apuntado, se verá modificado por la creación de nuevas» profesiones como el «*prompt engineer*» o ingeniero de instrucciones, un profesional especializado en configurar y desarrollar instrucciones específicas para los modelos de IA[70].

Es obvio que no podemos permanecer anquilosados en nuestros quehaceres docentes y debemos incorporar la tecnología disruptiva que nos aporta la IAG, ya que como docentes tenemos la obligación, tal y como se extrae de la Ley Orgánica 2/2023, de 22 de marzo, del Sistema Universitario (LOSU) en su art. 6.3 señala que: *La innovación en las formas de enseñar y aprender debe ser un principio fundamental en el desarrollo de las actividades docentes y formativas universitarias.* En este sentido creemos que la adopción de las tecnologías algorítmicas no debe erosionar la libertad académica, si bien se debe mantener un equilibrio entre regulación, control y libertad institucional.

A nuestro entender, los procesos de enseñanza-aprendizaje, así como la estructura institucional y ética de la educación superior, se encuentran en un punto de inflexión sin precedentes. Estos cambios, impulsados por la irrupción de la IAG deben ser asumidos con responsabilidad, cautela y un firme compromiso ético, de modo que la innovación tecnológica se armonice con los valores fundamentales de la formación humanista y democrática. Por este motivo, si partimos de la necesidad de diseñar «la Universidad del Mañana» la transformación educativa no constituye ya una opción estratégica, sino un imperativo para la su-

---

70. García Peñalvo F.J. «La percepción de la Inteligencia Artificial en contextos educativos tras el lanzamiento de ChatGPT: Disrupción o Pánico». En *Education in the Knowledge Society*, 24 (2023)),1-9 https://doi.org/10.14201/eks.31279 [acceso:27/10/25].

pervivencia de la institución universitaria[71]. Por consiguiente, este nuevo escenario exige una revisión profunda de su propósito, contenidos, metodología y estructura, orientada a redefinir el sentido mismo de la educación superior en la era algorítmica. En el contexto universitario el desafío normativo y educativo que plantea la IA trasciende la mera adaptación técnica: implica una reconfiguración cultural, ética y epistemológica del conocimiento. La universidad, como espacio de reflexión crítica y formación integral[72], está llamada a liderar esta transición, articulando un equilibrio entre la innovación algorítmica y la responsabilidad humana, en defensa de una educación verdaderamente orientada al bien común y a la dignidad de la persona. Igualmente, a medida que las universidades continúan adoptando herramientas de IA, es fundamental seguir investigando y desarrollando mejores prácticas para maximizar sus beneficios y minimizar los riesgos asociados[73].

---

71. MOSCARDINI, A. O., STRACHAN, R., et al. «The role of universities in modern society». En *Studies in Higher Education*, 47(4),2022, pp. 812-830. https://doi.org/10.1080/03075079.2020.1807493[acceso:27/10/2025]. Los autores consideran que la universidad debe transitar del savoir-faire (enseñar a hacer) al savoir-vivre (enseñar a vivir), asumiendo un papel formativo integral que proporcione sentido, ética y orientación vital a una sociedad caracterizada por la automatización, la flexibilidad laboral y el incremento del tiempo libre. Por otro lado, los nuevos contenidos imponen una revalorización de las humanidades, de la ética, la cooperación, la ecología y las artes creativas, disciplinas llamadas a desempeñar un papel esencial en un entorno cada vez más mediado por la inteligencia artificial.

72. BINI S., *Ser profesor Universitario hoy. Visión y propuestas para la mejora continua y la calidad docente en la era de los algoritmos*, UCOpress,2024, Córdoba, p. 77, el a. al hablar de la calidad de la Universidad destaca en un *concepto en sí mismo muy básico, pero sustancial, profundo y holístico: hacer las cosas bien, con dedicación, con compromiso, con entusiasmo, buscando así una calidad sustancial y real en cada una de las heterogéneas actividades que dan sustancia al ser Profesor/a Universitario/a.»*

73. LAGO ÁVILA, M. J. y PÉREZ HURTADO M. «La IA en la educación superior: Formando profesionales más competitivos y empleables». En *European Public & Social Innovation Review*, 9, (2024), pp. 1- 21. https://doi.org/10.31637/epsir-2024-859 [acceso: 27/10/2025]. Los a. consideran que «*la utilización de la IA en el aula va a requerir de un primer escenario de alfabetización digital básica para los pro-*

1. LA INTELIGENCIA ARTIFICIAL AL SERVICIO DEL DUA: EQUIDAD, ACCESIBILIDAD Y TRANSFORMACIÓN EN LA EDUCACIÓN SUPERIOR

En la primera parte de esta obra hemos aludido a los principios del Diseño Universal para el Aprendizaje (DUA) desde la perspectiva de las actividades desarrolladas en los últimos años, orientadas a fomentar la autogestión del estudiantado en los procesos de enseñanza-aprendizaje. Nuestro propósito ha sido promover un aprendizaje reflexivo, ingenioso, auténtico e inclusivo.

En esta segunda parte, pretendemos avanzar un paso más y centrar la atención en un diseño educativo adaptado a la era de los algoritmos, lo que supone asumir un cambio de paradigma. La implantación de la IA, como ya hemos señalado, requiere una supervisión responsable que atienda a los desafíos éticos y sociales, así como a los riesgos derivados de la brecha digital. Al mismo tiempo, este proceso debe orientarse a la promoción de un aprendizaje más efectivo, colaborativo e inclusivo, en plena consonancia con el Objetivo de Desarrollo Sostenible 4 (ODS 4) de la Agenda 2030, que aboga por una educación de calidad, equitativa y accesible para todos, y donde el estudiantado debe ser la razón de ser[74].

Desde nuestra perspectiva, debemos tener claro el punto de partida y aventurarnos a establecer un marco educativo que sitúe al estudiantado como eje central del aprendizaje. En este contexto, el Diseño Universal del Aprendizaje (DUA) se presen-

---

fesores que serán los formadores de los alumnos en la utilización de unas herramientas que tienen un gran potencial de uso, pero que es necesario saber cuándo y cómo emplearlas. Son tecnologías aún en prueba que no han sido pensadas para el uso educativo y que pueden repercutir negativamente en la calidad de los conocimientos generados. Es necesario un proceso de maduración que transforme paulatinamente la educación en ese sentido»

74. El estudiante es la razón de ser de la Universidad ya que ésta se erige como la proyección institucional de aquel, ORTEGA Y GASSET J., *Misión de la Universidad*, Alianza Editorial, Madrid, 1992, p. 17.

ta como la herramienta clave para garantizar la accesibilidad, la inclusión y la personalización del proceso formativo. Sin lugar a duda, la IA actúa como catalizador de cambio, ofreciendo oportunidades para enriquecer la docencia y el aprendizaje, pero también introduciendo tensiones normativas, éticas y pedagógicas que no pueden ser ignoradas.

El reto inmediato consiste en encontrar un equilibrio entre la innovación tecnológica y la integridad académica, asegurando que la IA potencie la autonomía, la equidad y la calidad educativa, sin reemplazar el pensamiento crítico ni la interacción humana[75].

En lo que la DUA e integración de la IA (DUA_IA) se refiere, la optimización del aprendizaje y la creación de entornos inclusivos sin ignorar la diversidad se convierten en objetivos fundamentales. La inteligencia artificial generativa ofrece un potencial significativo para transformar los procesos de enseñanza-aprendizaje, especialmente al integrar los principios del Diseño Universal del Aprendizaje (DUA) y atender a la diversidad del estudiantado; así en el ámbito de la enseñanza del Derecho las aportaciones que se pueden lograr con la IAG son:

1. **Personalización del aprendizaje**: los materiales digitales potenciados por IA permiten adaptar la forma en que se presenta el contenido jurídico: visualizaciones interactivas de estructuras procesales, esquemas dinámicos de normativa, resúmenes por nivel (introductorio, técnico, experto) y ajustes de fuente, contraste, tamaño, ritmo o lectura automática. Estas opciones facilitan la comprensión de textos complejos (sentencias, normas, contratos)

---

75. Los y las profesoras estamos obligados a desarrollar un conjunto de nuevas competencias relacionales y pragmáticas en la gestión del aula, así como a adoptar nuevas técnicas o estrategias para mantener la atención de los estudiantes y favorecer el éxito en sus calificaciones cfr. NOGUERA FERNÁNDEZ A., «Las nuevas tecnologías, ¿un instrumento útil para la enseñanza del Derecho?». En La docencia del Derecho en la era de la inteligencia artificial, (Coord. Tatiana Cucurull Poblet Antonio Fernández García), ed. Mic, León, 2024 pp. 29-36; 36.

y promueven la autonomía del estudiantado al ofrecer itinerarios formativos ajustados a distintos ritmos y estilos de aprendizaje[76].

2. **Aprendizaje de términos y expresiones jurídicas:** a integración del DUA con la IA permite generar glosarios contextuales adaptados a distintos niveles, paráfrasis y traducciones pedagógicas que facilitan la comprensión de cualquier disposición normativa, así como generar diagramas y videos que sirven como micro lecciones multimodales y bancos de preguntas con retroalimentación, promoviendo la autonomía y el aprendizaje autorregulado.

3. **IA y revisión crítica de fuentes: integridad y diversidad en la docencia jurídica:** la IA puede contribuir a integrar una mayor diversidad de conceptos en las fuentes: leyes, jurisprudencia favoreciendo una visión más plural del Derecho, implementando mecanismos de detección y corrección de sesgos género, étnicos o socioeconómicos para evitar reproducciones estereotipadas o en su caso, interpretaciones discriminatorias. Todo contenido generado debe pasar por un enfoque al cual ya hemos hecho alusión «*human in the loop*», en el que el profesorado valida y supervisa la información, garantizando la fidelidad interpretativa, la integridad académica y la corrección jurídica.

4. **La IA puede monitorizar y analizar patrones de interacción del estudiantado** con los materiales (lecturas, ejercicios, simulaciones, quizzes), detectando dificultades, lagunas conceptuales o estilos de aprendizaje. Esto permite que la retroalimentación sea adaptativa y perso-

---

76. La IA permite la adaptación individual de las necesidades de cada estudiante, con un feedback instantáneo, ajustando el método pedagógico en su caso. Vid. GIMÉNEZ MURUGARREN Mª. P, «Integración de la IA en la enseñanza-aprendizaje: buenas prácticas docentes en el contexto universitario», (Coord. Aragüez Valenzuela L.) *La IA en la docencia Universitaria. Una guía de buenas prácticas basada en la ética, responsabilidad e innovación*, Tirant humanidades, Valencia, 2025, p. 129-142; 140.

nalizada, orientando al estudiante en tiempo real y al profesorado sobre qué contenidos requieren refuerzo o ajuste pedagógico.

A) Desde el punto de vista del compromiso conforme a los parámetros de la DUA con la IA

La IA generativa se convierte en un aliado estratégico para cumplir los compromisos del DUA, facilitando acceso, identidad y autonomía del aprendizaje, al mismo tiempo que ofrece múltiples formatos de contenidos, videos con subtítulos, podcasts, infografías interactivas, documentos PDF y simulaciones, que se adaptan a los distintos estilos y ritmos de aprendizaje, apoyando la filosofía de «aprender a aprender» *learning by doing (LBD).* De forma que, a través de herramientas como *NotebooKLM* se pueden obtener por ejemplo un cuaderno interactivo que permite trabajo colaborativo y metodologías activas (ABP, gamificación, *role-playing* jurídico), facilitando las explicaciones alternativas, glosarios contextuales, resúmenes y ejemplos prácticos adaptados al nivel de cada estudiante. Esto permite que cada miembro del equipo participe con autonomía y comprenda el contenido a su propio ritmo, sin que nadie quede rezagado, reforzando el *LBD.* Los asistentes conversacionales a través de IAG pueden facilitar la autonomía del aprendizaje.

Con relación al esfuerzo y apoyo la IAG puede potenciar significativamente la colaboración y la interdependencia en el aprendizaje colectivo, así como el sentido de pertenencia a la comunidad académica, lo que se traduce en una mejora en el mantenimiento del esfuerzo y la constancia. Herramientas como *ChatGPT* o *NotebookLM* permiten que los estudiantes trabajen en *Team Task* (tarea en equipo); esto facilita su adecuada supervisión, al tiempo que el estudiantado puede desarrollar actividades semanales y reportar sus avances en tutorías grupales. La IA, además, facilita la creación de mapas conceptuales colaborativos, glosarios compartidos y recursos gráficos interactivos (como diagramas o tablas comparativas), e incluso la generación de proyectos integradores.

Asimismo, se puede crear un *Gem* para aprendizaje personalizado, a través de la IA de Gemini, de la cual veremos un ejemplo más adelante. Estos *Gems* son versiones adaptadas que facilitan tareas repetitivas y aprendizaje especializado, ajustando sus respuestas a tus objetivos sin necesidad de repetir instrucciones. Puedes diseñar o personalizar *Gems* con roles e instrucciones específicas para que actúen como asesores o asistentes eficientes en diversos ámbitos.

Por ejemplo, en nuestra asignatura de Derecho Romano, los estudiantes pueden utilizar *NotebookLM* para elaborar un mapa conceptual sobre la responsabilidad contractual: cada miembro añade definiciones, ejemplos de jurisprudencia y diagramas de flujo, mientras la IA sugiere conexiones, resúmenes y aclaraciones de términos complejos. El docente supervisa el progreso, ofreciendo retroalimentación guiada y ajustando las metas del equipo según la evolución de la actividad. De este modo, se refuerza la autonomía dentro del grupo, la interdependencia funcional y la participación, fortaleciendo tanto el aprendizaje colectivo como el sentido de pertenencia a la comunidad académica. Esto último se configura con la fase ejecutiva integrando la autonomía, la motivación y la participación del alumnado aspectos que inciden como es natural en la capacidad emocional de éste, mientras se asegura un acceso inclusivo a la información y a la comprensión de conceptos complejos. Así se puede diseñar un caso práctico grupal que comience con una sesión de *brainstorming* apoyada por simulaciones interactivas, seguida de la asignación de roles dentro del equipo. Posteriormente, cada estudiante realiza una reflexión individual, que luego se comparte y discute en un espacio de reflexión colectiva, integrando finalmente una actividad motivacional que refuerce el compromiso, la cooperación y la comprensión mutua del grupo, para ello nos podemos auxiliar de un *boot* conversacional o un navegador IA que actúa como asistente que pueda verificar la tarea, como ocurre con Comet de *perplexity*.

Hay que mencionar que todo ello implica asumir retos importantes, especialmente porque el profesorado percibe un uso muy extendido de la IAG entre el alumnado, sobre todo al realizar trabajos, ejercicios y actividades en casa, un uso que a menudo se considera indiscriminado y carente de un criterio crítico que permita discernir cuándo es pertinente emplear estas herramientas y cuándo no. Al mismo tiempo, el estudiantado suele carecer de las competencias necesarias para diferenciar entre fuentes de información fiables y no fiables, lo que pone de relieve la necesidad de promover una competencia digital sólida que favorezca el desarrollo de una capacidad crítica y selectiva orientada a identificar fuentes de calidad y valorar adecuadamente la información disponible.

B) Desde el punto de vista de la representación conforme a los parámetros de la DUA con la IA

Bajo la perspectiva del acceso y el diseño de percepción el uso de la IA nos faculta a personalizar la representación de múltiples formas (audio, resumen de video, esquema interactivo). En este sentido podemos utilizar un asistente de IAG para generar y resumir cualquier PDF, libro o material, con el cual generar explicaciones alternativas o video simulaciones que nos den el contexto, para lo cual podríamos utilizar *NotebooKLM* o crear un *Gem* en Gemini; en el caso de simulación por video, podemos utilizar por ejemplo *Sora, Kling, Runway, Veo 3, Flow, Nano Banana*, entre otras, se puede contextualizar un caso en la época del Derecho romano o cualquier tipo de acto o negocio jurídico actual, lo que permite un mayor aprendizaje experiencial. En otras palabras, creemos que las simulaciones de video generadas por IAG permiten incorporar contexto histórico o normativo al recrear juicios romanos, audiencias medievales o procesos contemporáneos, ofreciendo una comparación visual que facilita la comprensión de la evolución del Derecho. De igual modo, contribuyen a eliminar barreras lingüísticas o cognitivas mediante el uso de subtítulos, locuciones adaptadas, lenguaje de signos o símbolos visuales, promoviendo así una experiencia de aprendizaje inclusiva y accesible.

De esta forma, el estudiantado con adaptaciones ante las posibles dificultades auditivas, visuales o de comprensión lectora, puede seguir el desarrollo de la teoría y la práctica, captando los matices del procedimiento y las normas a aplicar, evitando quedar excluido del proceso de aprendizaje. De esta manera podemos lograr que la experiencia sea verdaderamente inclusiva y equitativa gracias a la IAG.

Con relación al apoyo podemos utilizar asistentes de traducción inteligente o cualquier chat basado en LLM (*Large Language Model*) para a través de un interfaz conversacional obtener asistencia, realizar traducciones, ejemplos adicionales e incluso, definiciones sencillas, es decir, que con la IAG disponemos de una valiosa herramienta de apoyo y un asistente cognitivo, y a su vez facilitador, para obtener traducción y explicación de textos jurídicos en cualquier idioma: latín, griego, inglés... lo que favorece un aprendizaje autónomo y personalizado de los estudiantes. Por consiguiente, estos sistemas LLM como *ChatGPT*, *Gemini*, *Perplexity*, se adaptan al ritmo y nivel de comprensión de cada estudiante, permitiéndole avanzar a su propia velocidad óptima, dominar los contenidos y mantener una alta motivación e implicación en su proceso de aprendizaje[77].

Naturalmente, todo ello implica superar desafíos y limitaciones, toda vez que es necesario una formación continua y una capacitación de los docentes, puesto que los principales proble-

---

77. Se consiguen experiencias más eficaces y personalizadas, de hecho, estas herramientas estas herramientas no solo optimizan la eficiencia del proceso educativo, sino que también potencian la equidad al ofrecer soluciones adaptativas a estudiantes con diferentes estilos y niveles de aprendizaje. Los entornos de aprendizaje adaptativos (EAA) impulsados por inteligencia artificial representan una transformación profunda en la educación, al permitir la creación de contenidos personalizados, evaluaciones dinámicas y retroalimentación inmediata ajustada a las necesidades de cada estudiante. Herramientas como ChatGPT, Gemini, Claude o Perplexity facilitan la generación de materiales didácticos y preguntas adaptativas, reduciendo la carga docente y potenciando la autonomía del alumnado. Ahora bien, su integración debe regirse por principios éticos y pedagógicos claros que eviten la dependencia tecnológica y promuevan el pensamiento crítico, garantizando así que los EAA sean espacios inclusivos, flexibles y humanamente significativos. Vid. CABERO ALMENARA J., HERNANDEZ RAMÍREZ M. et al. *Educación e inteligencia artificial. Generando ecosistemas de aprendizaje adaptativo*, Dykinson, ebook, Madrid, 2025, pp. 77-78.

mas asociados al uso de la inteligencia artificial en los entornos educativos se relacionan con sus limitaciones técnicas y éticas, como los sesgos del modelo, las «alucinaciones» *model halluci-nation*[78] o errores en la información generada y la falta de transparencia sobre el origen de los datos. También surgen cuestiones legales vinculadas a la propiedad intelectual, la privacidad y seguridad de los datos, así como implicaciones sociales, entre ellas la posible pérdida de empleos y el aumento de la brecha digital. En el ámbito pedagógico, preocupa la tendencia a aceptar la IA como fuente única de verdad, el riesgo de plagio, la necesidad de replantear las metodologías docentes y la disminución del pensamiento crítico debido a un uso acrítico y poco comprendido de estas herramientas.

Desde la óptica de la función ejecutiva y la representación, se pretende ayudar al estudiante al desarrollo del conocimiento a través de la activación de lo que ya sabe, logrando la vinculación con nuevos conceptos o competencias. Es notorio que todo ello implica una evaluación diagnóstica del estudiante (EDE) que facilite la conexión entre ideas, especialmente en el ámbito jurídico y su proyección en la realidad vigente. En nuestro caso a través de la IAG es posible crear microhistorias y casos que relacionen el Derecho romano con el actual, empleando esquemas visuales y fomentando múltiples formas de conocimiento y narración, por ejemplo, mediante avatares generados con aplicaciones como *Heygen* o *Synthesia* que aporten contexto histórico o procesal. Todo ello debe orientarse a que el estudiantado transfiera su aprendizaje a nuevos escenarios, elaborando sus propios videos, podcast o mapas conceptuales con herramientas como

---

78. El riesgo de que el modelo alucine sobre verdades universales es mucho más visible mediante retroalimentación de usuarios no-técnicos y, por lo tanto, probablemente influya en las actualizaciones. Sin embargo, el riesgo de que alucine sobre verdades situacionales es independiente y crecerá en la medida que más aspectos de nuestra vida en sociedad estén mediados por la IA generativa vid. CORREA BUSQUETS, S., MACCARINI LLORENS L., Autosupervisión de Alucinaciones en Grandes Modelos del Lenguaje: LLteaM. *Journal of Computer-Assisted Linguistic Research* 7(2023), pp. 60-85;83.

NotebookLM. Paralelamente, es necesario fortalecer las habilidades sociales y comunicativas, mediante *chatbots* conversacionales *LLM* que simulen debates jurídicos, interacciones cliente-abogado o ejercicios de interpretación jurisprudencial, promoviendo la argumentación y la competencia expresiva.

C) Desde el punto de vista de la acción y expresión conforme a los parámetros de la DUA con la IA

Para la interacción, el uso de la inteligencia artificial en el marco del Diseño Universal para el Aprendizaje permite diversificar la acción y la expresión del alumnado, garantizando la atención a la diversidad y la equidad educativa. Gracias a herramientas de IAG, los estudiantes pueden expresar sus conocimientos mediante texto, voz, imagen, vídeo o simulación, eligiendo los medios más adecuados a sus capacidades o necesidades. Aplicaciones como *ChatGPT,* Gemini, Claude facilitan la expresión escrita y el razonamiento guiado por diálogo, mientras que *D-ID* o *HeyGen* permiten generar presentaciones orales con avatar, útiles para quienes presentan dificultades motrices o de expresión. Los entornos de simulación con IA fomentan el aprendizaje activo, y los sistemas de apoyo a la autorregulación ayudan a planificar y revisar tareas. Además, la IA optimiza el acceso a materiales accesibles mediante subtítulos, transcripciones o textos simplificados, y detecta barreras individuales, ofreciendo alternativas personalizadas. Así, las herramientas inclusivas basadas en IA consolidan una educación más equitativa, participativa y personalizada.

Desde el ámbito del apoyo y las opciones de diseño para la expresión y la comunicación, la inteligencia artificial generativa amplía de forma significativa las posibilidades de participación del alumnado, al ofrecer múltiples medios para comunicarse y expresarse. Más allá del texto, la IAG permite generar ilustraciones, cómics, infografías, gráficos interactivos, simulaciones 3D o entornos inmersivos de realidad virtual y aumentada, adaptando la comunicación a los diferentes estilos de aprendizaje, intereses y capacidades del estudiantado. La integración de la gamificación con IA facilita además la evaluación dinámica, al permitir recopilar información en tiempo real sobre el progreso y la comprensión conceptual. El uso de herramientas multimodales para la construcción, composición y creatividad, como aquellas que convierten texto en vídeo interactivo, vídeo en texto o imagen en modelo 3D, ofrece un entorno de aprendizaje flexible, accesible y personalizado. De este modo, la IAG no solo potencia la expresión y la comunicación, sino que también apoya el desarrollo gradual de habilidades cognitivas, críticas y creativas en contextos inclusivos.

Ejemplo: un estudiante con dificultades en la expresión escrita puede usar *Runway ML, Google Flow, Veo 3, Nano Banana* para transformar sus ideas narradas oralmente en un vídeo explicativo o en una animación, integrando así su aprendizaje de forma visual e interactiva. En el ámbito jurídico, herramientas como *LTX Studio, Veo 3* o *Synthesia* pueden emplearse para recrear juicios simulados, explicar conceptos legales complejos mediante narrativas audiovisuales o generar entornos de práctica argumentativa, ofreciendo apoyo personalizado y potenciando la comprensión del Derecho desde una perspectiva experiencial e inclusiva, que a su vez es más motivadora

Finalmente, en el plano del desarrollo de estrategias y la función ejecutiva: la inteligencia artificial ofrece un apoyo esencial para guiar la planificación, la autorregulación y la toma de decisiones del alumnado, favoreciendo la atención a la diversidad y la participación equitativa. La IA permite establecer objetivos significativos y personalizados, facilitando la creación de proyectos adaptados a los intereses y ritmos de cada estudiante. Herramientas como *ChatGPT* pueden generar plantillas de planificación, listas de verificación, esquemas conceptuales o rúbricas de evaluación adaptadas, ayudando a estructurar el aprendizaje y clarificar las metas. Asimismo, la IAG contribuye a planificar y anticipar desafíos tanto individuales como grupales, permitiendo diseñar estrategias de apoyo progresivo que prevengan prácticas excluyentes y promuevan la cooperación entre el estudiantado, esto último nos parece crucial, puesto que nos podemos encontrar en el aula con estudiantes de diversidad funcional y con necesidades específicas de apoyo educativo NEAE[79] (TDAH, TEA, dislexia, entre otros), que pueden beneficiarse de una guía más explícita, recordatorios automatizados o entornos de práctica inclusivos. En este sentido, el docente, apoyado por la IA, puede ofrecer oportunidades de ensayo, ajuste y retroalimentación adaptativa, fomentando la autonomía y el aprendizaje autorregulado. A la postre, desafiar las prácticas excluyentes implica usar la IA no solo como herramienta técnica, sino como medio para promover la justicia educativa, asegurando que todos los estudiantes dispongan de apoyos, tiempos y medios suficientes para alcanzar los objetivos de manera significativa y equitativa.

Por ejemplo, en nuestro contexto académico, herramientas emergentes como Comet[80], desarrollada por *Perplexity* AI, representan un avance significativo en el ámbito de la inteligencia artificial agéntica aplicada a la planificación, la organización y el apoyo al aprendizaje universitario. Construido sobre la base de *Chromium*, este entorno inteligente permite integrar extensiones y recursos educativos de forma fluida, ofreciendo un espacio de trabajo adaptable a las necesidades de cada estudiante. Su asistente principal, *Comet Assistant*, es capaz de

---

79. Una implementación efectiva y adecuada de la IA por parte de las instituciones educativas promoverá la inclusión y el éxito académico de todo su estudiantado, con independencia de las necesidades específicas que presenten vid. estudio MOLINA MARTÍNEZ, L., EVANGELIO LLORCA Mª R., *et al.*, «Inteligencia artificial y alumnado con NEAE: creando oportunidades de aprendizaje personalizado e inclusivo en la educación superior», en *La docencia universitaria en tiempos de IA*, (Ed. Satorre Cuerda.), Octaedro, Barcelona, 2024, p. 74-84; 82.

80. *Comet*, desarrollado por *Perplexity AI*, y *Atlas*, de *OpenAI*, representan una nueva generación de navegadores inteligentes que integran IA agéntica capaz de interactuar, comprender el contexto y ejecutar tareas de forma proactiva, transformando la búsqueda tradicional en un proceso cognitivo asistido. A ellos se suma Manus, creada por la *startup* chino Monica, uno de los primeros agentes de IA totalmente autónomos que planifica y actúa sin intervención directa del usuario. No obstante, estas tecnologías presentan riesgos significativos: como ataques de inyección de mensajes, vulnerabilidades críticas y falta de transparencia, lo que exige una formación específica del profesorado y del estudiantado en su uso ético, crítico y seguro dentro del ámbito académico.

comprender el contenido de las páginas académicas visitadas, lo que le permite sintetizar información, proponer esquemas de estudio, organizar referencias bibliográficas o resumir artículos científicos con precisión contextual. En el marco de la función ejecutiva y el desarrollo de estrategias del DUA, *Comet* puede utilizarse para estructurar agendas de trabajo, establecer objetivos de aprendizaje personalizados, generar recordatorios de tareas pendientes y agrupar recursos en colecciones temáticas, fomentando así la autorregulación y la gestión eficaz del tiempo. En estudiantes con diversidad funcional o dificultades específicas de aprendizaje, esta herramienta puede servir de asistente académico inclusivo, ofreciendo guías paso a paso, simplificando textos complejos o anticipando desafíos en proyectos colaborativos.

De lo analizado hasta el momento, resulta incuestionable que el impacto de la IA en la consolidación del Diseño Universal para el Aprendizaje constituye un avance decisivo hacia la creación de entornos formativos más inclusivos, flexibles y equitativos. La IA, al facilitar la personalización de los procesos de enseñanza-aprendizaje, puede coadyuvar a la mejora del rendimiento académico y a la eliminación de barreras cognitivas, comunicativas o sensoriales. Sin embargo, este potencial transformador exige que tanto el profesorado como el estudiantado comprendan críticamente su funcionamiento, desarrollando una competencia digital sólida, anclada en principios éticos y en una actitud reflexiva ante sus implicaciones sociales. Aunque la IAG es capaz de emular determinadas habilidades humanas, su valor radica en su función de complemento y apoyo al quehacer docente, nunca como sustituto. De ahí la necesidad de promover una sinergia metodológica que articule, con equilibrio y rigor, la integración de las TIC, la IAG y la innovación pedagógica, favoreciendo un modelo integrador, colaborativo y permanentemente actualizado. Es obvio que esta tecnología constituye una de las innovaciones más prominentes de la sociedad actual y la que más riesgos y desafíos plantea tanto en un contexto general como en el ámbito que nos ocupa como profesionales. La irrupción de la IAG y el uso en las aulas favorece la creación de contenidos, la creatividad, el aprendizaje personalizado y adaptativo[81].

TABLA 2. Resumen de las estrategias DUA_IA

DUA y la IA generativa	Compromiso	Representación	Acción y expresión
Acceso	La IA interactúa con el estudiante bot conversacional para conocer sus intereses académicos y sugerir temas de proyecto personalizados. El asistente IA propone recursos y desafíos relevantes para cada alumno, motivando su participación y autonomía en el aprendizaje y que el mismo sea inclusivo. La IA generativa como aliado estratégico del DUA: facilita acceso, identidad y autonomía del aprendizaje mediante formatos diversos (PDF, video, podcast, simulaciones).	La IAG para generar y resumir cualquier PDF, libro o material, con el cual generar explicaciones alternativas o video simulaciones que nos den el contexto, para lo cual podríamos utilizar NotebooKLM o crear un Gem en Gemini; en el caso de simulación por video, podemos utilizar por ejemplo Sora, Kling, Runway, Veo 3, Flow, Nano Banana, entre otras, se puede contextualizar un caso en la época del Derecho romano	La IA permite a los estudiantes que pueden expresar sus conocimientos mediante texto, voz, imagen, vídeo o simulación, eligiendo los medios más adecuados a sus capacidades o necesidades. Aplicaciones como ChatGPT, Gemini, Claude facilitan la expresión escrita y el razonamiento guiado por diálogo, mientras que D-ID o HeyGen permiten generar presentaciones orales con avatar, útiles para quienes presentan dificultades motrices o de expresión.

---

81. En cualquier caso, es evidente que existen numerosas oportunidades educativas y profesionales. La necesidad de verificación humana para garantizar la fiabilidad, la autenticidad y/o la legalidad de los contenidos sigue siendo esencial. Nuestros estudiantes deberán asumir nuevas tareas y profesiones emergentes gracias a esta tecnología, y es vital que estén preparados para estas oportunidades de manera responsable vid. ZAMORA MANZANO, J.L -ORTEGA GONZÁLEZ, T. Y., «IA *Legum:* Transformando la educación jurídica con tecnología inteligente»..., pp. 287-303; 300.

DUA y la IA generativa	Compromiso	Representación	Acción y expresión
Apoyo	IA para seguimiento: la herramienta envía recordatorios personalizados de tareas (por ej., calendario inteligente) y genera informes de progreso automáticos basados en entregas previas. Estas notificaciones motivan al estudiante a mantener el esfuerzo y la constancia. • Refuerzo del esfuerzo y sentido de pertenencia a la comunidad académica mediante herramientas colaborativas (ChatGPT, NotebookLM).	Con relación al apoyo podemos utilizar asistentes de traducción inteligente o cualquier chat basado en LLM (*Large Language Model*) para a través de un interfaz conversacional obtener asistencia para poder realizar traducciones, ejemplos adicionales, definiciones sencillas, es decir, que con la IAG obtengamos una herramienta de apoyo y un asistente cognitivo y a su vez facilitador para obtener traducción y explicación de textos jurídicos	Para la mejora de la expresión y comunicación, la IAG permite generar ilustraciones, cómics, infografías, gráficos interactivos, simulaciones 3D o entornos inmersivos de realidad virtual y aumentada, adaptando la comunicación a los diferentes estilos de aprendizaje, intereses y capacidades del estudiantado. La integración de la gamificación con IA facilita además la evaluación dinámica, al permitir recopilar información en tiempo real sobre el progreso y la comprensión conceptual

DUA y la IA generativa	Compromiso	Representación	Acción y expresión
Función ejecutiva	La IA permite personalizar los contenidos según el ritmo y estilo de cada estudiante, facilitar la accesibilidad mediante formatos multimodales (texto, audio, video, simulación) y potenciar la autonomía y colaboración mediante asistentes inteligentes que apoyan la planificación, la reflexión y el aprendizaje activo. Para ello nos podemos auxiliar de un boot conversacional o un navegador IA que actúa como asistente que pueda verificar la tarea, como ocurre con Comet de Perplexity.	Para el desarrollo de los conocimientos y el aprendizaje es necesario evaluación diagnóstica del estudiante (EDE) que facilite la conexión entre ideas, especialmente en el ámbito jurídico y su proyección en la realidad vigente. En nuestro caso a través de la inteligencia artificial generativa (IAG) es posible crear microhistorias y casos que relacionen el Derecho romano con el actual, empleando esquemas visuales y fomentando múltiples formas de conocimiento y narración, por ejemplo, mediante avatares generados con aplicaciones como *Heygen* o *Synthesia* que aporten contexto histórico o procesal, lo que fomenta las múltiples formas de conocimiento y creación de aprendizajes significativos	la inteligencia artificial ofrece un apoyo esencial para guiar la planificación, la autorregulación y la toma de decisiones del alumnado, favoreciendo la atención a la diversidad y la participación equitativa. La IA permite establecer objetivos significativos y personalizados, facilitando la creación de proyectos adaptados a los intereses y ritmos de cada estudiante. Herramientas como ChatGPT pueden generar plantillas de planificación, listas de verificación, esquemas conceptuales o rúbricas de evaluación

En la tabla (3) que se presenta a continuación, se ofrece un análisis comparativo de distintas inteligencias artificiales, junto con sus estrategias de aplicación y principales limitaciones, concebido como una guía orientativa para la práctica académica. No obstante, debe tenerse en cuenta que el vertiginoso ritmo de evolución tecnológica puede derivar en la obsolescencia temprana de las herramientas descritas, lo que exige una revisión constante y una actitud investigadora en el ámbito universitario.

TABLA 3. Inteligencias artificiales más usadas

Inteligencia Artificial	Estrategia de uso	Fortalezas y límites
CHATGPT Optimizado para: Actividades académicas, creación de materiales didácticos, desarrollo de proyectos y organización del trabajo diario de estudiantes y docentes (Mejora con navegador Atlas)	**Integración en el proceso de escritura**: Utilizar ChatGPT para generar ideas iniciales, estructurar argumentos y mejorar la claridad en los textos académicos. **Soporte en programación y análisis de datos**: Emplear ChatGPT para resolver problemas de codificación, depurar errores y optimizar scripts en proyectos de investigación. **Diseño de materiales educativos personalizados**: Aprovechar las capacidades de ChatGPT para crear planes de estudio adaptativos y guías de aprendizaje que respondan a las necesidades individuales de los estudiantes. **Verificación de la información**: Utilizar ChatGPT como punto de partida para la investigación, complementando con fuentes académicas verificadas para asegurar la precisión de la información.	**Generación de ideas y asistencia en escritura académica** ChatGPT facilita la lluvia de ideas, la estructuración de ensayos y la mejora de la coherencia en los textos, lo que potencia la creatividad y la productividad en tareas académicas. **Apoyo en investigación y síntesis de información** Los modelos avanzados de ChatGPT, como GPT-4o, permiten analizar, resumir y organizar grandes volúmenes de información académica, ayudando a estudiantes y docentes a comprender conceptos complejos y optimizar el estudio. **Posibilidad de generar respuestas incorrectas o imprecisas** ChatGPT puede producir respuestas incorrectas o inexactas debido a limitaciones en sus datos de entrenamiento y problemas de sesgo, lo que requiere una verificación cuidadosa de la información proporcionada. **Dependencia excesiva y falta de pensamiento crítico** El uso indebido de ChatGPT para la realización de trabajos académicos puede llevar a una dependencia excesiva de la herramienta, reduciendo la capacidad de los estudiantes para desarrollar habilidades de pensamiento crítico y resolución de problemas por sí mismos.

Inteligencia Artificial	Estrategia de uso	Fortalezas y límites
PERPLEXITY Optimizado para: la investigación académica mediante la recuperación de información verificada, la comprobación de hechos y la síntesis concisa del conocimiento. (Mejora con Comet navegador)	**Acceso a datos precisos y verificación de información** Perplexity facilita la obtención de información confiable y especializada, permitiendo validar hechos y citas de manera rápida. Cada respuesta incluye referencias verificables, promoviendo la lectura crítica y el análisis riguroso. **Investigación y exploración académica avanzada** Perplexity optimiza la investigación académica al sintetizar literatura y realizar búsquedas exhaustivas con el modo Deep Research. Además, permite identificar tendencias y dinámicas recientes en diversas disciplinas. **Comparación de fuentes y construcción crítica de conocimiento** Perplexity permite contrastar perspectivas y detectar inconsistencias entre fuentes, garantizando información fiable. También facilita comparaciones temporales o regionales para un análisis académico riguroso. **Síntesis, producción de contenidos y apoyo docente** Perplexity genera resúmenes precisos con referencias, apoyando la elaboración de materiales docentes y la escritura académica. Además, impulsa la innovación universitaria mediante Perplexity Spaces para proyectos colaborativos y metodologías creativas.	**Transparencia y pensamiento crítico** Perplexity siempre incluye fuentes citadas y accesibles, lo que fomenta en los estudiantes universitarios la verificación de la información y la lectura crítica de las referencias usadas. Esto promueve una alfabetización digital avanzada y fortalece la competencia investigadora propia del aprendizaje universitario **Aprendizaje activo y colaborativo** Su potencial para proporcionar respuestas contextualizadas y actualizadas promueve en el ámbito universitario la investigación de cuestiones complejas y el aprendizaje basado en la indagación. En entornos educativos, esta funcionalidad respalda al docente en la promoción de la curiosidad intelectual, el debate académico y la construcción compartida del conocimiento. **Dependencia cognitiva y superficialidad del aprendizaje** El acceso rápido a información resumida puede fomentar un aprendizaje superficial si los estudiantes no reciben orientación para evaluar críticamente los contenidos. En el contexto universitario, es necesario que el docente acompañe el proceso, convirtiendo la consulta automatizada en un ejercicio de comprensión profunda y reflexión académica. **Fiabilidad variable de fuentes externas** Por ello, es fundamental enseñar a los estudiantes universitarios a seleccionar y evaluar críticamente las fuentes para evitar la propagación de sesgos o información incorrecta.

Inteligencia Artificial	Estrategia de uso	Fortalezas y límites
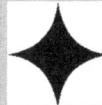 **GEMINI** Optimizado para la enseñanza, el aprendizaje y la investigación universitaria, al facilitar la generación de ideas, la revisión de documentos y el desarrollo de contenidos académicos, con integración con Google Workspace y acceso a datos en tiempo real para mejorar la productividad y colaboración en entornos educativos.	**Investigación con datos actualizados de la web** Gemini puede ejecutar la función Deep Research para explorar temas complejos. Actúa como un agente de investigación que crea un plan, busca autónomamente en la web, analiza múltiples fuentes y genera un informe estructurado y exhaustivo, incluyendo citas y referencias. **Planificación de proyectos en Docs, Sheets o Slides** Gemini puede iniciar la creación de documentos y presentaciones usando la función Canvas. Basándose en los informes de investigación y archivos subidos, genera la estructura del documento en Google Docs. **Colaboración y gestión del conocimiento** Gemini puede analizar material de estudio multimodal (PDFs, grabaciones, diapositivas) para comparar conceptos o Identificar inconsistencias entre fuentes, utilizando herramientas como **NotebookLM**. Además, puede activar el **Modo Aprendizaje Guiado** para actuar como tutor, haciendo preguntas de sondeo para guiar al estudiante a la solución y reforzar el pensamiento crítico. **Automatización de flujos de trabajo en Gmail y Drive** Gemini puede gestionar de forma inteligente la comunicación en Gmail al resumir automáticamente hilos de correo largos con directores o compañeros de proyecto. También puede redactar respuestas proactivas, basándose en el contexto del correo y adjuntando borradores relevantes del Drive, o ser configurado para automatizar procesos recurrentes.	**Integración y Productividad Continua:** La integración profunda con Google Workspace (Docs, Drive, etc.) convierte a Gemini en un asistente omnipresente. Esto asegura que la investigación (*Deep Research*) y la estructuración de proyectos se realicen en un entorno conectado y familiar, manteniendo la productividad sin interrupciones. **Información Actualizada y Estructurada:** El acceso en tiempo real a datos de la web, combinado con el enfoque estructurado de Gemini (p. ej., razonamiento paso a paso), garantiza que los estudiantes obtengan información reciente, organizada y con la trazabilidad necesaria para la investigación académica. **Dependencia del Ecosistema de Google**: El flujo de trabajo ideal depende de que toda la documentación resida en Google Workspace. Los estudiantes que usen herramientas o software externos a Google pueden experimentar fricción o pérdida de funcionalidad en la integración perfecta. **Riesgo de Pérdida de Habilidades Fundamentales**: La facilidad con la que Gemini genera contenido estructurado puede fomentar la dependencia excesiva. Existe el riesgo de que las habilidades cruciales de búsqueda manual, síntesis crítica y razonamiento propio del estudiante se atrofien o no se desarrollen completamente.

Inteligencia Artificial	Estrategia de uso	Fortalezas y límites
 **CLAUDE** Optimizado para: actuar como asistente de lectura en cursos universitarios y de posgrado mejora significativamente la comprensión de textos complejos y el compromiso de los estudiantes frente al estudio independiente.	**Análisis profundo de textos académicos y documentos extensos** Claude sobresale al leer documentos largos como tesis y artículos, procesando múltiples archivos para identificar argumentos y evaluar la solidez metodológica. Su capacidad de razonamiento ético permite analizar dilemas morales y protocolos institucionales con la profundidad y matices requeridos. **Redacción y perfeccionamiento de trabajos académicos con precisión** Claude ofrece asistencia especializada en la redacción de textos, desde ensayos hasta artículos científicos, manteniendo un tono y coherencia argumentativa rigurosos. Ayuda a estructurar capítulos de tesis, desarrollar marcos teóricos sólidos y refinar el estilo para cumplir con altos estándares académicos. **Revisión crítica y feedback constructivo para investigación** Claude proporciona retroalimentación detallada sobre borradores, identificando debilidades argumentativas e inconsistencias metodológicas en la estructura del texto. Evalúa la coherencia entre objetivos, metodología y conclusiones, ofreciendo un análisis profundo que estimula el pensamiento crítico. **Síntesis de literatura y comprensión de documentación técnica compleja.** Claude puede resumir documentación técnica especializada o políticas institucionales, manteniendo la precisión de los conceptos complejos. Facilita la comprensión de reglamentos y procedimientos administrativos traduciendo el lenguaje técnico a explicaciones más accesibles.	**Comprensión contextual profunda y razonamiento sofisticado** Claude entiende matices y contextos complejos, siguiendo líneas argumentativas extensas. Identifica premisas implícitas, evalúa coherencia lógica y considera implicaciones éticas o metodológicas. Es ideal para análisis crítico avanzado en marcos teóricos, dilemas éticos o revisión académica rigurosa. **Versatilidad en la creación de contenidos académicos personalizados** Claude genera y adapta materiales académicos según necesidades específicas y audiencia. Puede estructurar ensayos, guías metodológicas, cronogramas o herramientas de seguimiento de proyectos. Su capacidad de ajustar tono y estilo permite contenidos personalizados para distintas disciplinas y niveles. **Claude no puede acceder directamente a bases de datos académicas especializadas ni bibliotecas** con suscripción. Los usuarios deben proporcionarle manualmente los documentos que desea analizar. Esto limita su autonomía para investigación bibliográfica y verificación de métricas académicas. **Claude no conserva memoria automática entre sesiones**. Esto dificulta el seguimiento continuo de proyectos académicos de largo plazo. El usuario debe recontextualizar constantemente la información.

Inteligencia Artificial	Estrategia de uso	Fortalezas y límites
 **GROK** Optimizado para: integración en tiempo real con X (antes Twitter), permite acceder a información de última hora y tendencias culturales, enriqueciendo la experiencia académica al fomentar la lectura profunda, la comprensión crítica y el razonamiento ético en la formación universitaria.	**Investigación de Tendencias Sociales en Tiempo Real** Estudiantes de Comunicación y Sociología pueden usar Grok para analizar un fenómeno o evento social mientras ocurre, capturando la narrativa en X (Twitter). Docentes pueden asignar tareas de «análisis de discurso espontáneo» o monitorear el sentimiento público sobre un tema científico o político actual para complementar las fuentes académicas tradicionales. **Análisis Rápido del Ecosistema Mediático y Discursivo** Grok permite a estudiantes obtener un resumen inmediato de la conversación viral, los influencers clave y los patrones lingüísticos emergentes. Docentes pueden utilizarlo para ilustrar en tiempo real cómo se construyen las narrativas sociales, los sesgos implícitos o la polarización en temas de debate público. **Creación de Material Educativo de Alto Impacto** Docentes pueden usar Grok para generar borradores de preguntas de examen o crear un esqueleto para un texto que requiera un tono más directo y coloquial que el académico. Estudiantes pueden emplearlo para adaptar información compleja a formatos más digeribles y con impacto (p. ej., un resumen de una clase en estilo blog post o script de video). **Evaluación del Razonamiento Crítico y Ético** Dado su estilo menos censurado y directo, docentes pueden presentar las respuestas «irreverentes» de Grok para iniciar debates en clase sobre ética, sesgos algorítmicos y el papel de la IA. Los estudiantes lo usan para practicar la validación de fuentes de información en tiempo real, distinguiendo hechos de opinión y sátira.	**Respuestas precisas y actualizadas:** Grok accede a información en tiempo real mediante herramientas de búsqueda web y X, permitiendo a estudiantes obtener datos frescos para investigaciones, tesis o tareas sin depender de bases estáticas. Esto reduce errores por obsolescencia y fomenta un aprendizaje dinámico. Ideal para temas de actualidad como ciencia, política o tecnología. **Explicaciones estructuradas y multidisciplinarias:** Grok desglosa conceptos complejos en pasos claros, integrando ejemplos, tablas o razonamientos lógicos, lo que facilita la comprensión en diversas asignaturas académicas. Su capacidad para generar soluciones paso a paso actúa como tutor personalizado. Mejora la retención y el rendimiento en exámenes o proyectos. **Posible sesgo en respuestas subjetivas:** Aunque busca fuentes diversas, las respuestas pueden reflejar sesgos inherentes a datos de internet o X, especialmente en temas controvertidos, requiriendo que estudiantes verifiquen críticamente. No reemplaza el juicio académico ni la consulta de textos primarios. Riesgo de sobreconfianza en IA sin habilidades de fact-checking. **Limitaciones en acceso y citación académica**: Grok no accede a bases cerradas como JSTOR o Scopus y no formatea citas en APA o MLA automáticamente. Esto obliga a complementar con suscripciones y editar referencias manualmente. Aumenta tiempo y riesgo de errores en trabajos formales.

2. ALGORITMIZACION Y CIENCIA CIUDADANA

Finalmente, no podemos pasar por alto los profundos cambios que la inteligencia artificial generativa (IAG) está produciendo en múltiples ámbitos de la vida humana, trascendiendo con creces el entorno universitario y científico. Este fenómeno impulsa una reflexión necesaria acerca de la incorporación de principios éticos y de responsabilidad social en la práctica tecnológica contemporánea. Desde una perspectiva política y humanista, la IAG plantea el reto de construir una inteligencia artificial responsable, enmarcada en los valores proclamados por los Objetivos de Desarrollo Sostenible (ODS) y la Agenda 2030[82], donde la innovación se orienta hacia la justicia social, la equidad y la sostenibilidad global. El concepto de responsabilidad tecnológica adquiere aquí un sentido profundamente cívico: exige reconocer que los avances en IAG y las TIC deben fortalecer las capacidades democráticas, participativas y deliberativas de la sociedad, garantizando que la tecnología sirva como instrumento para ampliar derechos y no para restringirlos. En este horizonte, la Ciencia Ciudadana se erige como un espacio privilegiado de creación y democratización del conocimiento, donde la ciudadanía colabora activamente con la comunidad académica y científica en la producción y validación de datos, análisis y propuestas.

---

82. El sitio web de la *European Citizen Science Association* (ECSA) y su plataforma central, la *European Citizen Science Platform* https://citizenscience.eu/ [acceso: 01/11/2025] representan un punto de encuentro estratégico para el fomento y la articulación de la ciencia ciudadana en el ámbito europeo. Esta plataforma digital, impulsada por la ECSA en colaboración con instituciones académicas, organismos públicos y organizaciones sociales, tiene como finalidad promover, visibilizar y coordinar proyectos de investigación participativa en los que la ciudadanía colabora activamente con la comunidad científica en la generación, análisis y aplicación del conocimiento. A través de su repositorio de proyectos, recursos educativos, redes y eventos, citizenscience.eu facilita la transferencia de buenas prácticas, el intercambio interdisciplinar y la inclusión de la sociedad civil en los procesos científicos y tecnológicos, fortaleciendo así la democratización del conocimiento y la innovación responsable en consonancia con los Objetivos de Desarrollo Sostenible y la Agenda Europea de Ciencia Abierta.

Por consiguiente, la integración de la IAG en la Ciencia Ciudadana amplía las posibilidades de colaboración y transparencia, facilitando la interpretación masiva de información, el diseño de proyectos participativos y la inclusión de voces tradicionalmente marginadas en la investigación. De este modo, se configura un nuevo paradigma de tecnociencia cívica, en el que la inteligencia artificial no sustituye la acción humana, sino que la potencia y humaniza, contribuyendo a una sociedad más crítica, justa y comprometida con el bien común. En la Exposición de motivos de la Ley Orgánica 2/2023, de 22 de marzo, del Sistema Universitario, se habla de la necesidad de una: «*Ciencia Abierta, que asuma ese conocimiento como un bien común, accesible y no mercantilizado, una Ciencia Ciudadana en la que se construya conocimiento de manera compartida, asumiendo la complejidad de la investigación de manera colectiva. Por ello, esta ley orgánica promueve la labor conjunta con la sociedad de creación y difusión del conocimiento, fomentando la Ciencia Abierta y Ciudadana mediante el acceso a publicaciones, datos, códigos y metodologías que garanticen la comunicación de la investigación*», recogiéndose en su art.12 bajo la rúbrica «Fomento de la Ciencia Abierta y Ciencia Ciudadana» se recoge de forma expresa en su apartado 10: «*Se fomentará la Ciencia Ciudadana como un campo de generación de conocimiento compartido entre la ciudadanía y el sistema universitario de investigación. Con el objetivo de promover la reflexión científica, tecnológica, humanística, artística y cultural y su aplicación a los retos sociales, las universidades favorecerán e impulsarán la colaboración con los actores sociales, y con las Administraciones Públicas, en especial con las Comunidades Autónomas y la Administración Local*»

Desde nuestra humilde pero fundada perspectiva académica, consideramos que la convergencia entre la Ciencia Ciudadana[83],

---

83. El boom de la Ciencia Ciudadana se produce en el presente siglo con las tecnologías de la información y las comunicaciones y la IA, vid. RAYA DÍEZ E., «Ciencia Ciudadana: ciudadanía en la ciencia» en *REDUR* 21, diciembre 2023, pp. 47-54, 52. http: doi.org/10.18172/redur.5952.

la Inteligencia Artificial Generativa y el Diseño Universal para el Aprendizaje constituye un paradigma emergente en la educación superior y en la investigación contemporánea. Así, desde la óptica del DUA, la ciencia ciudadana mediada por IAG puede potenciar el acceso, la acción y la expresión del aprendizaje para todo el alumnado, incluyendo a quienes presentan diversidad funcional o necesidades específicas de apoyo, al ofrecer múltiples medios de participación, interacción y producción de conocimiento.

Esta sinergia fomenta, además, la equidad educativa y la justicia cognitiva, pues la IAG facilita adaptaciones personalizadas mientras la Ciencia Ciudadana abre cauces de implicación auténtica para colectivos tradicionalmente marginados, en plena sintonía con los principios de inclusión del DUA. No obstante, esta interrelación plantea retos éticos, técnicos y organizativos que no deben soslayarse: la protección de datos personales, la transparencia algorítmica, el reconocimiento de la autoría ciudadana y la rigurosidad metodológica son aspectos que exigen una respuesta responsable desde las políticas académicas e institucionales, a fin de garantizar que la innovación tecnológica se oriente siempre al servicio del bien común y del progreso social compartido.

En todo caso, conviene mantener una actitud prudente y reflexiva, como hemos sostenido a lo largo de nuestro estudio, pues la integración de la inteligencia artificial generativa y la ciencia ciudadana en el ámbito educativo requiere una mirada crítica y ética. Solo así será posible garantizar que la tecnología actúe como un instrumento de empoderamiento, participación y aprendizaje significativo, evitando que reproduzca desigualdades estructurales o reduzca a la ciudadanía a una simple fuente pasiva de datos.

En conclusión, creemos que la ciencia ciudadana aplicada a la educación y la inteligencia artificial representa una oportunidad decisiva para transformar la relación entre universidad y sociedad. Al romper con la lógica tradicional que atribuye a la institución académica el monopolio del conocimiento válido, se abre paso a una forma de aprendizaje y producción científica colaborativa y horizontal, en la que estudiantes, docentes, familias y comunidades locales participan activamente. Este enfoque fomenta una cultura científica participativa, donde los ciudadanos dejan de ser receptores pasivos de la tecnología para convertirse en actores críticos, capaces de comprender, evaluar y transformar los procesos y decisiones que configuran el futuro digital. Bajo nuestro punto de vista todo ello supone un reto que debe afrontarse y que exige una universidad comprometida con la transparencia, responsabilidad y equidad.

4. ADENDA: Aproximación al uso de la Inteligencia Artificial en el aula universitaria: Resultados y ejemplos de aplicación práctica

1. NOTAS DE UNA EXPERIENCIA RECIENTE EN EL AULA CON IAG

Presentamos los resultados derivados de un proyecto de innovación educativa sobre Inteligencia Artificial (IA) desarrollado durante el segundo cuatrimestre del curso académico 2024-2025, en el marco de una asignatura optativa del Grado en Derecho de segundo curso, denominada *«Tratamiento jurídico de las relaciones comerciales: desde el Derecho romano al Derecho actual»*. El objetivo fundamental consistió en analizar las percepciones, actitudes y competencias digitales del estudiantado respecto al empleo de la IA en el contexto universitario, así como valorar su impacto en el aprendizaje significativo, la autonomía y la creatividad académica. Para ello, se llevó a cabo una evaluación diagnóstica inicial mediante un cuestionario alojado en el campus virtual (*Google Forms*), destinado a identificar las percepciones del alumnado en torno al uso, las potencialidades, los desafíos, las dificultades y las implicaciones éticas derivadas de la utilización de estas tecnologías emergentes.

Posteriormente, se implementó una experiencia de Aprendizaje Basado en Proyectos (ABP) centrada en la resolución de casos prácticos, la elaboración de contenidos visuales y el análisis crítico de materiales audiovisuales, integrando de manera transversal distintas herramientas de Inteligencia Artificial Generativa (IAG). Entre las aplicaciones empleadas se incluyeron *ChatGPT*, Perplexity *AI* y *Copilot*, además de la creación de vídeos con avatares mediante *HeyGen*, que permitieron experimentar con nuevas formas de expresión académica.

Los estudiantes asumieron la tarea de verificar los errores de la IA, evaluar su rendimiento algorítmico y reflexionar sobre el grado de fiabilidad y coherencia de las respuestas generadas. Paralelamente, se estimuló la creatividad y el pensamiento crítico, promoviendo un uso activo de la IA no solo como herramienta de búsqueda o síntesis de información, sino como medio de producción de conocimiento y de comunicación jurídica multimodal, mediante la generación de imágenes, vídeos explicativos, presentaciones interactivas y narrativas audiovisuales.

A continuación, se presentan las representaciones gráficas correspondientes a la muestra del estudiantado participante y a los principales resultados obtenidos a partir del cuestionario aplicado

FIGURA 5. Representación gráficas obtenidas del estudio (1-5)

¿Consideras que la IA generativa proporciona escenarios y contextos que pueden ayudar a la comprensión de la materia?
29 respuestas

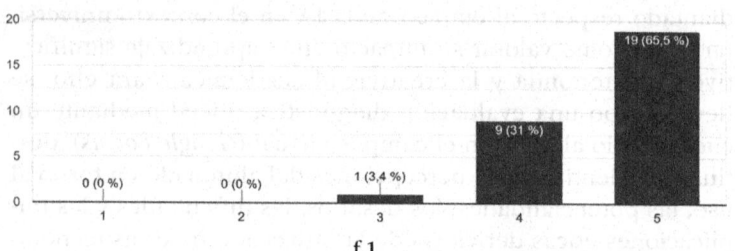

f.1

¿Crees que es necesario que los estudiantes dominen el uso de la IA generativa para aprovechar al máximo su uso?

29 respuestas

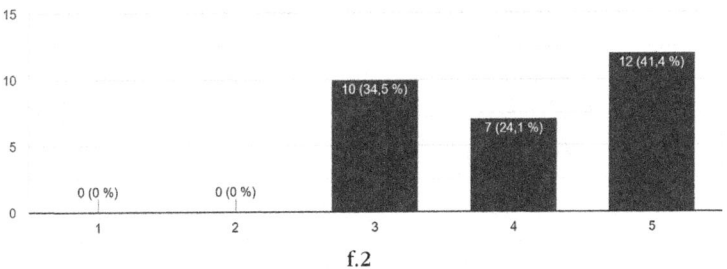

f.2

¿Qué herramientas de creación de video generativo a través de IA conoces, que te permita crear con un prompt un video

28 respuestas

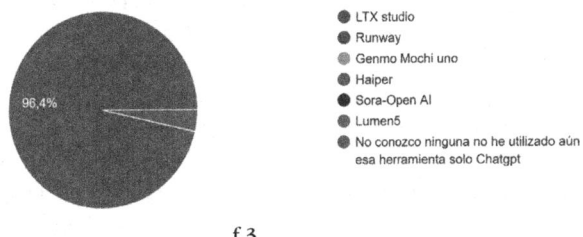

f.3

¿Consideras que el uso y la incorporación de la IA complementa los métodos tradicionales de la enseñanza de las asignaturas del Derecho?

29 respuestas

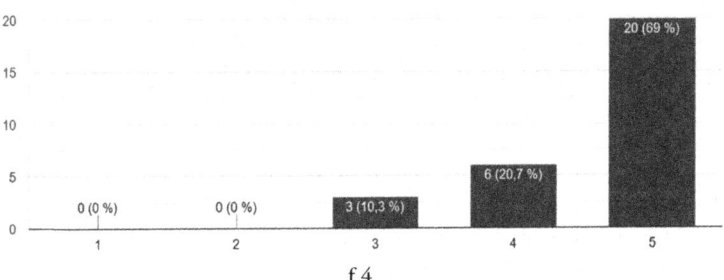

f.4

¿Crees que los videos proyectados en el aula hechos con IA te han permitido mejor situarte en el contexto social y jurídico de la época romana?
29 respuestas

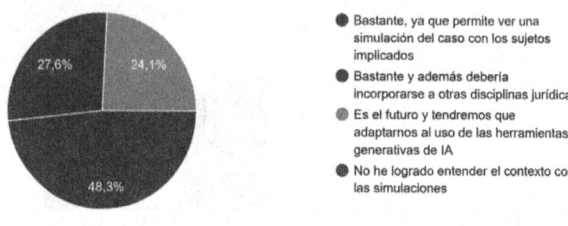

● Bastante, ya que permite ver una simulación del caso con los sujetos implicados
● Bastante y además debería incorporarse a otras disciplinas jurídicas
● Es el futuro y tendremos que adaptarnos al uso de las herramientas generativas de IA
● No he logrado entender el contexto con las simulaciones

f.5

Los datos indican que existe interés por el uso y la implementación, pero también una cierta inseguridad al comprobar no sólo la existencia de fallos y errores sino también la manipulación digital y los riesgos y efectos que ello conlleva. No obstante, desde nuestra posición, advertimos la necesidad de experimentar con herramientas de IA y la necesidad de incorporarlas en el aula para el tratamiento de determinados temas o cuestiones específicas por su innegable potencial. En líneas generales, se percibe como una herramienta útil que mejora el proceso de enseñanza-aprendizaje, en la investigación y en la generación de materiales, pero entendemos atendiendo a las respuestas que su incorporación debe realizarse de forma progresiva y con las debidas cautelas por las implicaciones éticas, sociales, legales, pedagógicas o educativas, sobre todo cuando se utilice información privada o personal de los estudiantes

2. EJEMPLOS DE USO CON INTELIGENCIA ARTIFICIAL GENERATIVA

Resulta innegable que la Inteligencia Artificial Generativa (IAG) experimenta un crecimiento exponencial, marcado por una constante renovación de modelos, arquitecturas y funcionalidades. Este dinamismo tecnológico implica que, en el breve lapso transcurrido desde la realización de la presente investigación hasta su publicación, hayan emergido nuevas versiones y sistemas más avanzados, capaces de ampliar las posibilidades de interacción, análisis y creación de conocimiento. Tal velocidad de evolución obliga a la comunidad académica a mantener una actitud crítica y actualizada, a fin de integrar estas herramientas de modo reflexivo y éticamente responsable dentro de los entornos de enseñanza-aprendizaje.

A) Uso del navegador *Comet* de *Perplexity*

Comet, desarrollado por *Perplexity AI*, constituye una herramienta de vanguardia en el ámbito de la Inteligencia Artificial aplicada a la búsqueda y gestión del conocimiento. Concebido como un navegador inteligente basado en la arquitectura *Chromium*, y disponible para los sistemas operativos *Mac* y *Windows*, integra de forma nativa un modelo de lenguaje avanzado (LLM) que permite interactuar directamente con el contenido web en tiempo real. A diferencia de los navegadores convencionales, Comet incorpora la IA de manera contextual y persistente, accesible desde cualquier pestaña, lo que le otorga la capacidad de comprender, analizar y operar sobre el entorno de navegación sin necesidad de copiar o cambiar de ventana. Esta integración posibilita un acompañamiento activo durante los procesos de aprendizaje y de búsqueda de información, ofreciendo respuestas precisas, ampliaciones conceptuales, resúmenes automáticos y enlaces a fuentes relevantes.

FIGURA 6. Dashboard de Comet

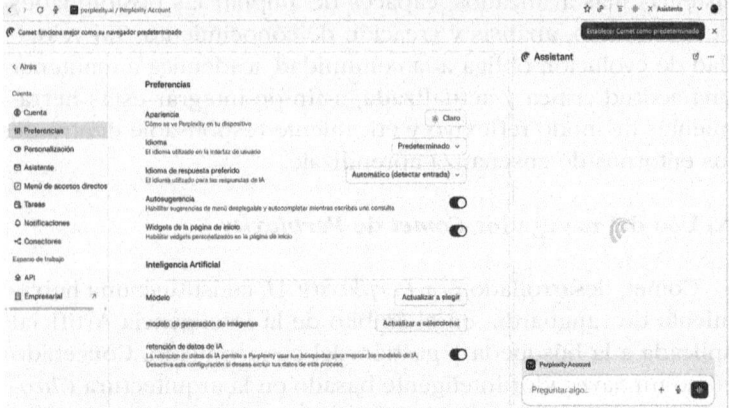

Ejemplo: en el navegador vamos a escribir el enlace hacia las fuentes del Derecho romano que encontramos en https://droitromain.univ-grenoble-alpes.fr/ y le daremos la directriz de localizar fuentes relativas a la *Lex Rhodia de iactus,* una norma de origen griego que regulaba que todos los dueños de la carga y el naviero compartieran las pérdidas cuando se tiraban mercancías al mar para lograr un resultado útil, esta petición la podemos incluir pulsando en la barra de asistente donde encontramos la posibilidad de interactuar por voz. En el momento en el que Comet controla el navegador se enciende un marco azul alrededor de la pantalla. La IA empieza a hacer su labor haciendo una navegación hasta dar con el Digesto 14.2 que contiene la rúbrica de la fuente solicitada con los fragmentos que hablan de dicha regulación.

FIGURA 7. Dashboard de Comet

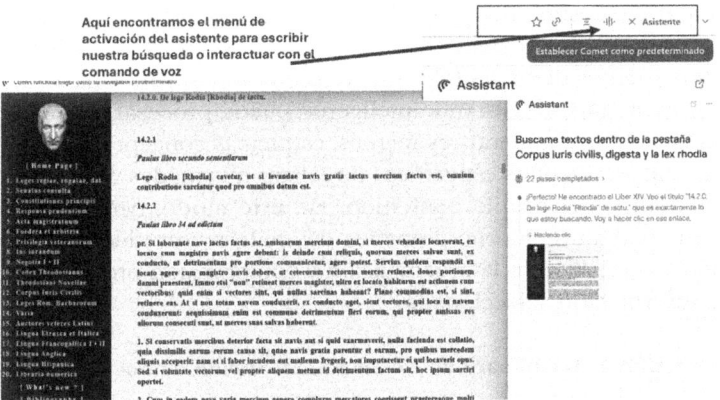

B) Uso de *NotebooKLM* de Google

NotebookLM, desarrollado por *Google DeepMind*, se erige como un asistente de investigación inteligente y adaptativo, diseñado para transformar la interacción académica con el conocimiento. Sustentado en modelos de lenguaje de última generación, este sistema no se limita a procesar información, sino que interpreta, sintetiza y genera nuevas formas de comprensión a partir de fuentes documentales que el propio usuario incorpora. En el ámbito universitario y científico, puede considerarse un mediador cognitivo avanzado, capaz de articular resúmenes precisos, establecer relaciones conceptuales entre textos, construir esquemas argumentativos o responder consultas fundamentadas en el corpus proporcionado. Su valor radica en que fomenta la autonomía investigadora y el aprendizaje significativo, al posibilitar una interacción contextual y crítica con la información. Asimismo, *NotebookLM* amplía sus posibilidades prácticas al permitir la creación automatizada de podcasts y vídeos a partir de los materiales introducidos, además de integrar la búsqueda y análisis de fuentes enlazadas, consolidándose, así como una herramienta integral para la curaduría, divulgación y producción académica en la era de la inteligencia artificial generativa.

Una vez accedemos a *NotebookLM,* seleccionamos la opción «Crear cuaderno», tras lo cual se despliega un entorno de trabajo intuitivo que permite incorporar archivos en formato PDF u otras fuentes documentales que deseemos analizar. A partir de ese momento, el asistente inteligente puede procesar los materiales subidos, generar resúmenes, esquemas conceptuales, respuestas a consultas específicas o realizar búsquedas contextuales dentro del propio contenido. De este modo, *NotebookLM* actúa como un entorno dinámico de análisis y producción académica, facilitando la organización y comprensión profunda de la información seleccionada.

FIGURA 8. Dashboard de *NotebooKLM*. Subida de documentos

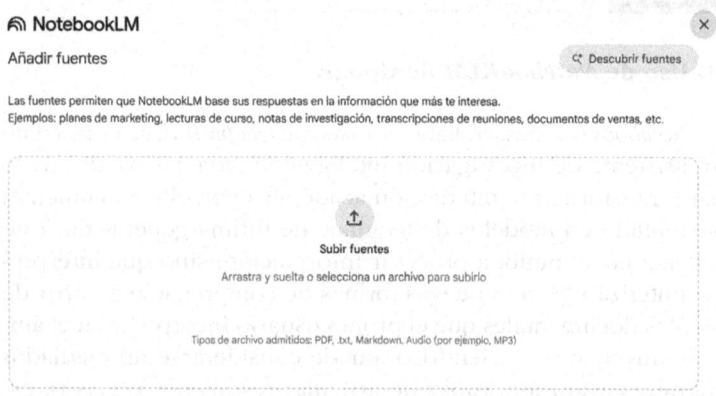

Ejemplo: estudio de los contratos consensuales en el Derecho romano y aplicación práctica:

Para el desarrollo de esta actividad, se incorpora al entorno de trabajo tanto el documento teórico en formato PDF como la propuesta práctica correspondiente. Una vez integrados los materiales, el asistente de inteligencia artificial permite generar de forma automatizada un documento de análisis, con el cual es posible interactuar de manera avanzada, obteniendo síntesis precisas, respuestas a consultas específicas, elaboración de notas o guías de estudio personalizadas e incluso versiones en formato audio, a modo de podcast académico. De este modo, la herramienta facilita un aprendizaje autónomo, contextualizado y multimodal, alineado con las exigencias del entorno universitario contemporáneo.

FIGURA 9. Dashboard de *NotebooKLM* con las diferentes herramientas

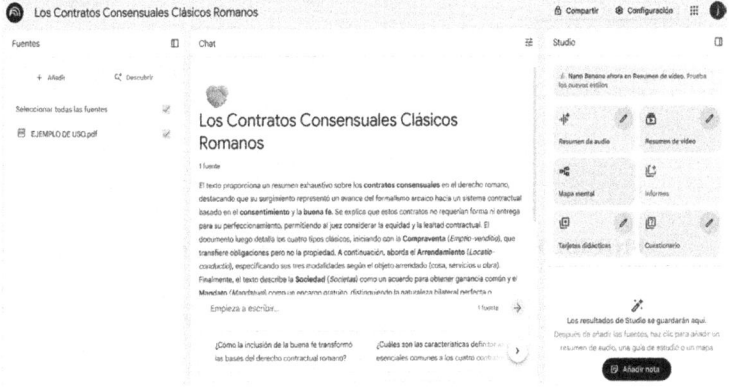

A la derecha del documento, una vez analizado disponemos de varias opciones que nos van a permitir por ejemplo generar: resumen de audio, video, mapa mental, informes, tarjetas de estudio y cuestionarios de aprendizaje.

FIGURA 10. Mapa mental generado por *NotebooKLM*

FIGURA 11 Fichas de estudio, y resumen de video generado por *NotebooKLM*

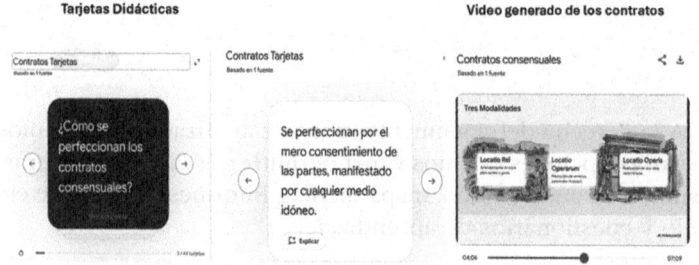

C) Uso del video para aprendizaje experiencial

El vídeo y la simulación con IAG en la enseñanza del Derecho permite transformar cualquier disciplina en una experiencia activa y vivencial. Gracias a estas herramientas, el alumnado puede participar en recreaciones de juicios, asumir distintos roles jurídicos y dialogar con inteligencias artificiales que encarnan a cualquier operador jurídico. En nuestro caso, en el Derecho romano, interpretando normas y resolviendo casos basados en fragmentos del *Corpus iuris civilis*, con un contexto visual que, de otro modo, resultaría complejo. Por consiguiente, la asignatura se convierte en un laboratorio jurídico dinámico, donde se aplican los principios del método casuístico propio del Derecho romano y se fomenta un aprendizaje experiencial, contextual y argumentativo que conecta pasado y presente a través de la simulación por video generado con IAG.

En el ecosistema de IAG de video encontramos numerosas aplicaciones y modelos que están redefiniendo la creación de contenido, destacando por su calidad y realismo, como los modelos avanzados de texto a video *Sora (OpenAI), Veo 3 / Veo 3.1 (Google DeepMind), Kling AI (KuaiShou)* y *Hailuo AI (MiniMax AI)*. A estas vanguardias se suman plataformas de uso más accesible y con amplias herramientas de edición como *Runway* (Runway), conocida por su *Gen-3*, Pika (*Pika Labs*), popular por su sencillez y efectos, y *Luma AI (Dream Machine)*, destacada por su velocidad de generación. Finalmente, existen soluciones más enfocadas a la producción corporativa o a la edición de contenido preexistente, como *Synthesia, HeyGen* para avatares narrativos, y la aplicación *InVideo AI* (InVideo) para la conversión automática de texto en videos completos.

Podemos observar la generación de un vídeo mediante *KlingAI*, en el que se ha introducido un *prompt* destinado a recrear la escena de un ciudadano otorgando testamento en la antigua Roma, con el rigor contextual y gestual propio de la época.

Debajo, se presenta una producción realizada con *Hailuo*, centrada en la dinámica del comercio de ánforas y las prácticas mercantiles romanas, complementada con los resultados obtenidos a través de *Google Labs Flow*, que permiten integrar y analizar las secuencias generadas dentro de un entorno interactivo de aprendizaje.

FIGURAS 12-14. Imágenes ilustrativas de las IA utilizadas: *KlingAI, HailuoAI, Google Labs Flow*

En el siguiente código QR puede accederse a un ejemplo de vídeos generados mediante inteligencia artificial, elaborados como material de apoyo para el desarrollo de casos prácticos en el ámbito del Derecho romano. Estas secuencias ilustran situaciones jurídicas, ofreciendo una experiencia inmersiva y contextualizada que favorece la comprensión aplicada de los contenidos históricos y normativos.

Link: https://vimeo.com/1132966985?fl=tl&fe=ec

D) Uso de la IA como herramienta de verificación algorítmica en el análisis de un caso jurídico simulado

En la resolución de un caso práctico, una estrategia esencial para fomentar el aprendizaje autónomo consiste en aplicar el enfoque al cual ya hemos hecho referencia *«human on the loop»*, es decir, mantener una supervisión activa y crítica sobre las respuestas generadas por la IAG. El objetivo es que el estudiantado no se limite a aceptar la solución propuesta, sino que desarrolle la capacidad de detectar fallos, contrastar información y verificar los datos ofrecidos por la herramienta. Para ello, se puede presentar una solución deliberadamente falsa con razonamientos erróneos o interpretaciones inexactas, de modo que los estudiantes identifiquen las incoherencias, justifiquen las correcciones y propongan una respuesta jurídicamente fundamentada. Esta dinámica convierte el error en un recurso formativo y promueve el juicio crítico, la autonomía intelectual y la comprensión profunda del método jurídico, reforzando la idea de que la IAG es un apoyo al razonamiento, no un sustituto de este.

Veamos un ejemplo de un caso práctico de Derecho romano:

Rutilio y Marco Craso, constituyeron una sociedad con el fin de arrendar unas ínsulas de recreo en la Costa Amalfitana, muy de moda en época republicana. Uno aportó el 30 por ciento del capital y el otro, Marco, el 70 restante de la inversión. Para la sociedad fue necesaria la adquisición de dos villas una que estaba en buen estado y otra que necesitaba algunas reformas y que estaba provista de un andamio, la cual tuvo que ser negociada con la propietaria Gala que había manifestado la ausencia de vicios de la construcción si bien, como veremos esto no fue real. Con el fin de poder atender a los clientes se había contratado los servicios de Senobas, una egipcia experta en varios idiomas como recepcionista de la finca, lo cual se llevó a cabo a través de un contrato de arrendamiento de servicios.

Lucio, esclavo de Rutilio, fue llevado a las villas con el fin de realizar el mantenimiento y reparación de las obras, si bien mientras está reparando la fachada uno de los clientes en estado de embriaguez lo empujo provocando heridas de gravedad al golpearse con el suelo.

Durante la campaña estival las villas, a pesar del incidente tuvieron gran ocupación lo que supuso unas ganancias para los socios, si bien una noche mientras llegaban nuevos clientes, un tal Marco Antonio, llega y perdiendo los papeles comienza a insular y golpear a Senobas. Esta resulta herida y el incidente provoca que muchos clientes se vayan sin pagar los apartamentos arrendados y la cancelación por el resto de la temporada.

En ese mismo periodo, una fuerte tempestad a inundado un camino (iter ad mare) que pasaba a través del fundo sirviente de Sextus Atilius que era el acceso directo de las villas hacia la playa, los socios pretenden en restablecimiento de este, si bien al volver el mar a su línea de costa, ha dejado todo lleno de piedras, motivo por el cual Sextus alega la extinción de la servidumbre.

Cuestiones y litigios: resuelve los litigios que se puedan plantear teniendo en cuenta las siguientes cuestiones

- ¿Qué pueden hacer los socios con relación a los vicios de la construcción y el pago del precio de compraventa?

- ¿Qué acción interpone Senobas para reclamar sus servicios y que tipo de contrato se ha producido?
- ¿Qué litigio se produce con relación al esclavo Lucio? ¿Qué acción se interpone?
- ¿Qué ocurre con Marco Antonio y la recepcionista, ¿puede ésta interponer acciones o litigar por el ataque sin motivo del cliente?
- Si los socios ante las pérdidas por el cierre decidieran liquidar la sociedad de las ínsulas ¿cómo lo harían y que ocurriría con las rentas, tendrían acción contra los clientes deudores?
- ¿Qué ocurre con la servidumbre?

Solución falsa proporcionada por IA en este caso ChatGPT (Hemos elaborado un *prompt* vinculado al supuesto, en el que se han introducido deliberadamente errores con el propósito de estimular el juicio crítico y la capacidad de verificación):

> *«Los socios no pueden reclamar a Gala por los vicios de la villa, ya que declarados inexistentes en la compraventa, la buena fe impide toda acción posterior; además, al haberse entregado el precio, la emptio-venditio quedó plenamente consumada. Senobas, al ser extranjera, no tenía capacidad para litigar en Roma, y su relación con los socios debe entenderse como una simple compraventa de servicios, por lo que solo cabría una actio empti. En cuanto al esclavo Lucio, su accidente no genera responsabilidad alguna del cliente ebrio, puesto que el esclavo no es persona y no puede sufrir daño en sentido jurídico. La agresión de Marco Antonio a Senobas constituye un hecho de carácter privado sin relevancia jurídica, y los socios deberán asumir las pérdidas. La sociedad se disuelve automáticamente al cesar la actividad y Marco Craso, por aportar más capital, se queda con todas las villas. Finalmente, la servidumbre de paso se extingue definitivamente al haber sido alterado el terreno por el mar».*

Errores que deben detectarse:
Debe reconocerse que los vicios ocultos permiten la *actio redhibitoria* o *quanti minoris*; que Senobas estaba vinculada

por *locatio conductio operarum* y podía ejercer la *actio loca-
ti*; que el daño al esclavo genera *actio legis Aquiliae* en favor
de su dueño; que Senobas puede interponer *actio iniuriarum*
contra Marco Antonio; que la sociedad se liquida mediante *actio pro socio* y no otorga preferencia al socio mayoritario; y
que la servidumbre solo se extingue por confusión, renuncia
o imposibilidad permanente, no por una alteración temporal
del terreno.

E) Creación de *Gems* de Gemini o *GPTs*

Los *Gems* de Gemini y los *GPTs* personalizados de *Chat-
GPT* son asistentes de inteligencia artificial configurables diseñados para funcionar como «expertos» en un tema o tarea
concreta. Su principal utilidad es optimizar el trabajo y ahorrar
tiempo, ya que permiten crear un modelo que recuerda instrucciones, estilo, tono y objetivos sin necesidad de volver a expli-
cárselos cada vez. Además, pueden incorporar conocimiento
contextual mediante la subida de archivos (como PDF, manuales, guías o materiales propios) que el asistente utiliza como referencia para ofrecer respuestas más precisas y adaptadas al
usuario. Gracias a ello, se emplean ampliamente para automatizar tareas recurrentes redacción de textos, análisis de datos,
programación, e incluso tutorías académicas y garantizar una
coherencia constante en el modo de respuesta y en la calidad
de la información generada.

FIGURA 15. Dashboard de Gemini sección de Gems

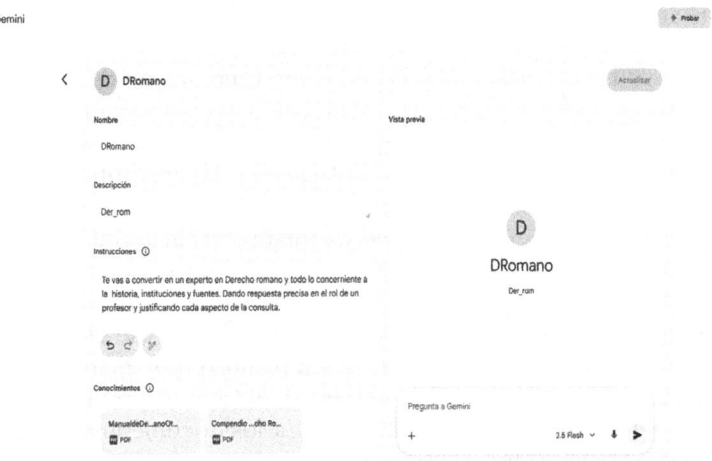

Una vez relleno el nombre y la descripción debemos definir ¿Cuáles son los objetivos y las funciones principales de tu *Gem* y qué estilo de respuesta quieres?, por ejemplo:

Explicación docente estructurada	Precisión académica
— Responder siempre como un profesor universitario especializado en Derecho romano. — Organizar la respuesta en secciones numeradas o tituladas (introducción, análisis, fuentes, bibliografía, preguntas de repaso). — Justificar cada afirmación con base en las fuentes jurídicas romanas (Gayo, Digesto, Codex, Novelas, etc...)	— Al final de cada respuesta, proponer una o dos preguntas de reflexión o repaso. — Ofrecer sugerencias bibliográficas básicas y complementarias (con fecha y autor). — Adaptar la profundidad al nivel indicado por el usuario — No fabricar citas ni inventar páginas. — Resumir en lugar de copiar fragmentos largos. — Señalar siempre si un dato no se encuentra entre los archivos cargados.

Una vez definido el rol y las instrucciones del *Gem*, es preciso incorporar los materiales de referencia, manuales, apuntes, artículos especializados en formato PDF o, en su caso, bases de datos estructuradas, que servirán como fundamento de sus respuestas y análisis. Cada archivo puede tener un tamaño máximo aproximado de 100 MB, por lo que se recomienda dividir las obras muy extensas, como el Digesto o las Institutiones, en tomos o secciones independientes para facilitar su procesamiento. una vez configurado el *Gem* y cargados los materiales de referencia, la consulta o petición concreta se introduce en la barra del *prompt*, es decir, en el campo destinado a formular las preguntas o instrucciones directas al modelo. En ese espacio el usuario redacta la cuestión que desea plantear, por ejemplo, clases de delitos en el Derecho romano, y el Gem responderá conforme a las directrices establecidas y a los documentos previamente incorporados.

FIGURA 16. Dashboard de Gemini sección de Gems

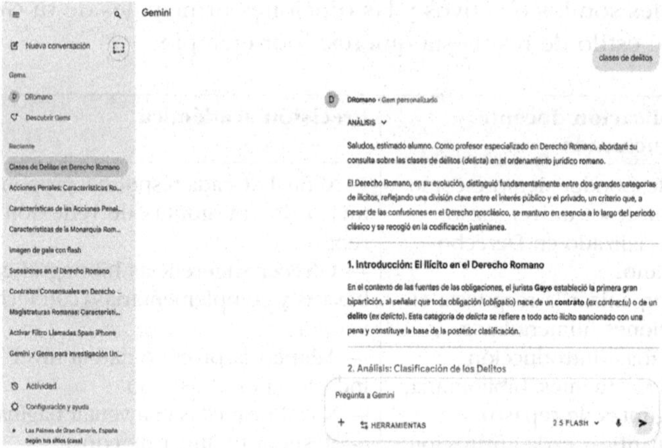

5. Bibliografía

Arco Bravo I., «Experiencias y propuestas sobre la organización y gestión universitaria de la IA en España» en *La gestión de la inteligencia artificial en los contextos universitarios iberoamericanos*, (Coord. Gairín Sallán - Alguacil Mir) Edo-Serveis - Universitat Autònoma de Barcelona Barcelona, 2024, pp. 156-172.

Area-Moreira M. *Luces y sombras de la IA en la educación superior. Didáctica para el pensamiento crítico*. RIULL Repositorio Institucional de la Universidad de La Laguna, 2025, p. 20 ss. http://riull.ull.es/xmlui/handle/915/40470.

Asensio-Martínez, Á., Aguilar-Latorre, A., Oliván-Blázquez, B., Fernández-Del-Río, E., Samper-Pardo, M., Bartolomé, C. (2024). Creating educational podcasts as an expository methodology for active learning and its relationship with satisfaction: A comparative study with live oral presentations. *Innovations in Education and Teaching International*, vol. 62, nº 3, pp. 896-908.

Berrones L., Salgado S., La aplicación de la inteligencia artificial para mejorar la enseñanza y el aprendizaje en el ámbito educativo. Esprint Investigación 2(1) 2023, p. 52-60. https://doi.org/10.61347/ei.v2i1.52.

Bini S., Ser profesor Universitario hoy. Visión y propuestas para la mejora continua y la calidad docente en la era de los algoritmos, UCOpress, 2024, Córdoba.

BUILS S., VIÑOLES-COSENTINO V., et al. «La formación digital en los programas de iniciación a la docencia universitaria en España: un análisis comparativo a partir del DigComp y DigCompEdu» En Educación XX1, 27(2), 2024, pp. 37-64; https://doi.org/10.5944/educxx1.

CABERO ALMENARA J., HERNANDEZ RAMÍREZ M. et al. Educación e inteligencia artificial. Generando ecosistemas de aprendizaje adaptativo, Dykinson, ebook, Madrid, 2025.

CAMPBELL, A. Exploring growth mindset experiences in university students, *International journal of mathematical education in science and technology*, Vol. 54, Nº. 9, 2023, pp. 1888-1906.

CHNG, E., TAN A.L. et al. Examining the Use of Emerging Technologies in Schools: a Review of Artificial Intelligence and Immersive Technologies. En Education. Journal for STEM Educ Res 6, pp. 385-407 (2023). https://doi.org/10.1007/s41979-023-00092-y.

CORREA BUSQUETS, S., MACCARINI LLORENS L., Autosupervisión de Alucinaciones en Grandes Modelos del Lenguaje: LLteaM. Journal of Computer-Assisted Linguistic Research 7(2023), pp. 60-85.

DELGADO VALDIVIESO, K., Diseño universal para el Aprendizaje, una práctica para la educación inclusiva. Un estudio de caso. *Revista Internacional de apoyo a la Inclusión, Logopedia, Sociedad y Multiculturalidad*, vol. 7, nº 2, 2021, pp. 14-25.

DÍAZ MAGGIOLI, G., Andamiaje: a casi medio siglo de su creación, *Cuadernos de Investigación educativa,* vol. 14, nº 1, 2023, pp. 1-17. https://doi.org/10.18861/cied.2023.14.1.3251.

DÍEZ VILLORIA, E.- SÁNCHEZ FUENTES, S., Diseño universal para el aprendizaje como metodología docente para atender a la diversidad en la Universidad, *Aula Abierta*, vol. 43, nº 2, 2015, pp. 87-93.

ELIZONDO CARMONA, Coral, *Hacia la inclusión educativa en la Universidad: diseño universal para el aprendizaje y educación de calidad,* Octaedro, Barcelona, 2020.

GALLAR J.-LOPEZOSA C., Inteligencia Artificial, desinformación y aspectos éticos en ChatGTP y educación universitaria, Posibilidades y límites de ChatGTP como herramienta docente, Coord. Ribera-Díaz, Octaedro, UB, Barcelona,2024.

GARCÍA PEÑALVO F.J. «La percepción de la Inteligencia Artificial en contextos educativos tras el lanzamiento de ChatGPT: Disrupción o Pánico». En *Education in the Knowledge Society*, 24 (2023),1-9 https://doi.org/10.14201/eks.31279.

GARCÍA SÁNCHEZ M.D., «Justicia penal 4.0: el haz y el envés de una justicia más ágil y eficaz. Perspectivas desde el contexto actual de liquidez y riesgo». En *Más allá de la Justicia: nuevos horizontes del Derecho procesal* (Dir. Sánchez Rubio), Tirant lo blach, Valencia, 2024.

GIMÉNEZ MURUGARREN M.ª. P, «Integración de la IA en la enseñanza-aprendizaje: buenas prácticas docentes en el contexto universitario», (Coord. Aragüez Valenzuela L.) *La IA en la docencia Universitaria. Una guía de buenas prácticas basada en la ética, responsabilidad e innovación,* Tirant humanidades, Valencia, 2025, p. 129-142.

GONZÁLEZ-CALATAYUD, V.; PRENDES-ESPINOSA et al. «Artificial Intelligence for Student Assessment: A Systematic Review» en Appl. Sci. 2021, 11, 5467, p. 1-15. https://doi.org/10.3390/app 11125467.

GUTIÉRREZ BARRENENGOA, A, SERRANO ARGÜESO, MUGARRA ELORRIAGA, A., *Retos jurídico-sociales para la inclusión de las personas con discapacidad*, Valencia, 2024.

HERRERO VÁZQUEZ, M., El Diseño Universal aplicado a la enseñanza universitaria y el Diseño Universal para el Aprendizaje en la formación del profesorado, en *Estrategias didácticas con recursos innovadores abiertos en contextos híbridos de aprendizaje,* Torralba-Burrial, Antonio (ed. lit.), García-Sampedro, Marta (ed. lit.), Madrid, 2025.

HUI LUAN AND CHIN-CHUNG TSAI, A., «Review of Using Machine Learning Approaches for Precision Education» en Educational Technology & Society, January, (24), 1 (January 2021) p. 250-266.

LAGO ÁVILA, M. J. y PÉREZ HURTADO M. «La IA en la educación superior: Formando profesionales más competitivos y empleables». En European Public & Social Innovation Review, 9, (2024), pp. 1- 21. https://doi.org/10.31637/epsir-2024-859.

LÓPEZ RENDO, C.- AZAUSTRE FERNÁNDEZ, M.J., global: gymkana jurídica y método COIL para la enseñanza - aprendizaje del Derecho Romano. *RIDROM,* 32-2024, pp. 105-177.

MARTÍNEZ BAENA G.C. «La inteligencia artificial y su aplicación al campo del Derecho», Revista Alegatos, 82 (septiembre-diciembre) 2012, pp. 827-846.

MOLINA MARTÍNEZ, L., EVANGELIO LLORCA Mª R., et al., «Inteligencia artificial y alumnado con NEAE: creando oportunidades de aprendizaje personalizado e inclusivo en la educación superior», en La docencia universitaria en tiempos de IA, (Ed. Satorre Cuerda.), Octaedro, Barcelona, 2024.

MOORE WALSH, Y., *Estrategias eficaces para enseñar en la universidad,* Lavel, Madrid, 2012.

MORILLA PORTELA, P., Relación entre la educación inclusiva y la calidad de vida, International *Journal of Developmental and Educational Psychology: INFAD. Revista de Psicología,* vol. 1, nº. 2, 2016 pp. 499-510.

MOSCARDINI, A. O., STRACHAN, R., et al. «The role of universities in modern society». En Studies in Higher Education, 47(4), 2022, pp. 812-830. https://doi.org/10.1080/03075079.2020.18 07493.

NOGUERA FERNÁNDEZ A., «Las nuevas tecnologías, ¿un instrumento útil para la enseñanza del Derecho?». En La docencia del Derecho en la era de la inteligencia artificial, (Coord. Tatiana Cucurull Poblet Antonio Fernández García), ed. Mic, León, 2024.

OBARRIO MORENO, J.A., Los pilares de la Universidad: verdad, saber y paideia (audax sed cogita), *RGDR,* 42, 2024, pp. 20-21, Vid. Saber jurídico. Saber literario. Saber cinematográfico: tres ámbitos de una misma realidad, *RGDLyC* 1, 2024, pp. 1-20.

OBARRIO MORENO J.A. y PIQUER MARÍ J.M., *Repensar la Universidad. Reflexión histórica de un problema actual*, Madrid, 2015.

ORTEGA Y GASSET J., Misión de la Universidad, Alianza Editorial, Madrid, 1992.

PALUSZAK J.- OLIYNYCHUK O., Democratisation of Generative Artificial Intelligence, en *Education, Future Jobs and Smart Systems in the Age of Artificial Intelligence,* Part B: Smart Systems and Future Employment in the Age of AI, (ed. Demetrios Lytras- Claudia Serban) Emerald, Lee.

PASTOR, A., Diseño Universal para el Aprendizaje: un modelo teórico-práctico para una educación inclusiva de calidad, *Participación educativa* nº9, enero 2019, pp. 55-68.ds, 2025, p. 59-77. doi https://doi.org/10.1108/978-1-83708-432-620251005.

PASTOR, A., ZUBILLAGA DEL RIO, A., SÁNCHEZ SERRANO, J., Tecnologías y diseño universal para el aprendizaje (DUA): experiencias en el contexto universitario e implicaciones en la formación del profesorado. *Revista Latinoamericana de Tecnología Educativa. RELATEC*, 14, 2015, pp. 1-12.

PIQUER MARÍ J.M., «Lo que queda de la Universidad de Ortega y Gasset» en *Reflexiones de la Universidad en el siglo XXI*, (Coord. Obarrio Moreno *et al.*,) Dykinson, Madrid, 2020.

PONCE BLÁZQUEZ, E., MARTÍNEZ OCAÑA, M.J., TORRES CARRERO, M.C Carmen, NAVARRO MARTÍNEZ, O. El rol docente para la sociedad actual: una escuela comprometida con la diversidad en *Metodologías emergentes en la investigación y acción educativa:* (1 ed.), Madrid, 2025.

PONCE SOLÉ J., Reserva de la humanidad y supervisión humana de la inteligencia artificial. Cronista del Estado social y Democrático de Derecho, 100, septiembre-octubre, 2022, p. 58-67.

PUNIE, Y., REDECKER, C.,European Framework for the Digital Competence of Educators: DigCompEdu, Publications Office of the European Union, Luxembourg, 2017, https://publications.jrc.ec.europa.eu/repository/handle/JRC107466.

ROA AVERLLA M.P., SANABRIA-MOYANO J. et al, Uso del algoritmo COMPAS en el proceso penal y los riesgos a los derechos humanos, en Revista Brasileira de Direito Processual Penal, vol. 8, 1 (2022), pp. 275-310; 289.

RODRIGUEZ BARBERO, A.G., Et. al. El uso de la práctica deliberada virtual mediante Branching Scenarios para la mejora de las habilidades terapéuticas en Psicología (Proyecto Sócrates), en Actas de las IV Jornadas InnovaUDIMA con Tecnología Educativa organizadas por la Universidad a Distancia de Madrid, Madrid, 2022, pp. 22-28.

ROSE, D. H.-MEYER, A. Teaching every student in the digital age: Universal Design for Learning. Alexandria, VA: *Association for supervision and curriculum development.,* 2002; The future is in the margins: the role of technology and disability in educational reforms, en *The universally designed classroom: Accessible curriculum and digital technologies,* Cambridge, Harvard Educación Press, 2005, pp. 13-35.

ROSE, D. H., Universal Design for Learning in postsecondary education: reflections and principles and their application. *Journal of postsecondary education and disability,* 2006, 19 (2), pp. 135-151.

SÁNCHEZ CORCHERO, M.E., Discapacidad, cambio climático e inclusión bajo los nuevos paradigmas naturcéntrico y educativo en Puentes de inclusión. Innovación y diversidad en la educación del siglo XXI, (ETXEBARRIETA, R., MAITANE PICAZA G., y ORCASITAS VICANDI, M. editores), Valencia, 2025, p. 127-135, p. 133.

SCOTT, S., MCGUIRE, J.M, SHAW S.F., Universal Design for instruction: A new paradigm for adult instruction in post secondary education. *Remedial and Special Education,* Vol.24, nº 6, 2003, pp. 369-379.

SILVER P., BOURKE, A., SHAW, S.F., Universal Instructional Design in higher education: An approach for inclusión. *Equity and excellent in Education,* 1998, vol. 31, nº 2, pp. 47-51.

SPERO, V., Universal Design Learning (UDL) for Extension Audiencies: 4H449, 5/2025 *EDIS*, 2025, pp. 1-4.

TAPIA SOSA, E., REYES PALAU, N. et al., *Inteligencia artificial y nuevas formas de aprender en la Educación Superior.* in-Blue, Ecuador, 2023, https://doi.org/10.56168/IBL.ED.167901.

VERA F., «Integración de la Inteligencia Artificial en la Educación superior: Desafíos y oportunidades». En Revista Electrónica Transformar, n 4(1) 2023, p. 17-34; 32.

XU, K., - KOORN, P. et al, A growth mindset lowers perceived cognitive load and improves learning Integrating motivation to cognitive load, *Journal of educational psychology,* vol. 113, n°. 6, 2021, pp. 1177-1191.

ZAMORA MANZANO J.L., «La enseñanza en el siglo XXI: una reflexión sobre las metodologías en la Universidad», en Reflexiones sobre la misión de la Universidad en el siglo XXI, (Coord. Obarrio-Bosh-Zamora et al.), Dykinson Madrid, 2020, pp. 281-291.

ZAMORA MANZANO, J.L, BELLO RODRÍGUEZ, S. et al. «Una propuesta de diseño instruccional en el ámbito jurídico: ludificación y motivación en el aula», en *Diversidad educativa, armonización de competencias y transferencia en el desarrollo profesional,* CD-rom, 1-12. Anaya-Uned, Madrid, 2018.

ZAMORA MANZANO, J.L., BELLO RODRIGUEZ, S., ORTEGA GONZALEZ, T.Y, MARTÍN PACIENTE, M. Los chatbots como herramienta de apoyo a la enseñanza: Una experiencia en el ámbito jurídico, en *Tecnologías educativas y estrategias* didácticas / coord. por Enrique Sánchez Rivas, Ernesto Colomo Magaña, Julio Ruiz Palmero, José Sánchez Rodríguez, 2020, pp. 682-692.

ZAMORA MANZANO, J.L -ORTEGA GONZÁLEZ, T. Y.:

— «IA Legum: Transformando la educación jurídica con tecnología inteligente», en Revista Educación y Derecho, número II extraordinario: Inteligencia Artificial y Educación Superior 2024, pp. 287-303.

— Transformación digital en la educación superior: Validez y supervisión de los algoritmos para el aprendizaje efectivo del derecho, en *Investigación para la mejora de las prácticas educativas desde una perspectiva holística*, Madrid, 2024, pp. 4181- 4191.

— Enriqueciendo la enseñanza-aprendizaje del Derecho: Explorando nuevos desafíos con video 360°, en Nuevas tendencias interdisciplinares en educación y conocimiento (CHINER, E.-SÁNCHEZ,I. ed.) Valencia, 2024, Tirant Lo Blanch, pp. 645-655.

— Creación de objetos de aprendizaje a través del podcast con Anchor en *Innovaciones tecnológicas para la enseñanza superior: contribuciones y resultados,* Zaragoza, 2023, pp. 263-271.

— *Innovación en la enseñanza del derecho romano con las TIC del siglo XXI*, Madrid, 2022.

— Gamificando el aula online en Derecho, en *Tecnología y educación en tiempos de cambio*, Málaga, 2021, pp. 592-602.

— Estrategia metodológica motivacional en el ámbito jurídico. Scape room virtual», en A*vances en Educación Superior e Investigación*, Volumen I, Madrid, Dykinson, 2021, p. 260.

Derecho romano y Breakout Digital, en *La tecnología educativa hoy*, Málaga, 2021, pp. 528-530.

— La inteligencia artificial aplicada al proceso de enseñanza aprendizaje en el derecho: Teachbot y aprendizaje adaptativo. en *La tecnología como eje del cambio metodológico /* coord. por Ernesto Colomo Magaña, Enrique Sánchez Rivas, Julio Ruiz Palmero, José Sánchez Rodríguez, Málaga, 2020, pp. 360-362.